バイデン政権で外交政策の舵取りを行う、アントニー・ブリンケン国務長官は、２０２１年３月３日、国務長官就任後の初めての演説で、中国を「今世紀における地政学上の最大の試練 the biggest geopolitical test of this century 」と呼び、同盟諸国との連携を強化して、中国と対峙すると述べた。米国側のアントニー・ブリンケン国務長官とジェイク・サリヴァン国家安全保障問題担当大統領補佐官、中国側の楊潔篪《ようけつち》中国共産党外交担当政治局員と王毅《おうき》外交担当国務委員兼外交部長（外相）による外交関係のトップ会談が３月18日にアメリカ・アラスカ州アンカレッジで開催された。この会談は非難合戦となった。

　ブリンケンは「ルールに基づいた秩序に取り替わるのは勝者が独り占めする世界であり、はるかに暴力的で不安定な世界であろう。米国は新疆《しんきょう》、香港、台湾、米国に対するサイバー攻撃、同盟国に対する経済的強圧など、中国の行動に対する我々の深い懸念について話し合うだろう」と中国側を非難した。一方、楊潔篪は「米国の人権は最低水準だ。米国では黒人が虐殺されている。米国が世界で民主主義を押し広めるのを止めるべきだ。米国にいる多くの人が米国の民主主義をほとんど信頼していない」とやり返した。中国側は売られた喧嘩ということで仕方なく立ち向かっている。中国メディアではバイデン政権の好戦的な姿勢について戸惑いを交えながら報道している。

　アメリカ国内でアジア系の人々に対する、人種差別を理由とする暴力事件が多発している。

# 「アメリカには偉そうに、上から目線で中国にものを言う資格がない」と言い放つ楊潔篪政治局員

2021年3月3日、アラスカ州アンカレッジで開かれたバイデン政権後初の米中外相会談で、楊潔篪・中国共産党外交担当政治局員と、ブリンケン米国務長官の間で、冒頭激しい非難合戦が演じられた。（写真提供＝中国通信/AFP/時事）

まえがき

アジア系の人々に対する差別感情と憎悪感情の激化は、新型コロナウイルスが中国発であるとされていることに加えて、バイデン政権の攻撃的な対中姿勢が影響している。太平洋戦争開戦前から戦時中にかけて、アメリカ国内で発生した日系人に対する差別や暴力と同様の状況になっている。アメリカ国内は戦争前のような状況だ。

ロシアに対してはバイデン自身がかなり攻撃的な姿勢を見せた。2021年1月26日、ロシアのウラジーミル・プーチン大統領との大統領就任後初めての電話会談で、バイデンはロシアによるアメリカ国内の選挙介入について言及し、「国益を守るために断固とした対応を取る用意がある」と発言した。また、2021年3月17日のABCテレビとのインタヴューの中で、「ロシアのプーチン大統領は人殺しだと思うか」と質問され、「そう思う」と答えた。ロシア側は反発したが、バイデンはこの発言について謝罪も撤回もしていない。

トランプ大統領時代には、トランプ大統領の発言を微に入り細に入り報道し、徹底的に批判してきたメディアもバイデンの「プーチンは人殺し」発言についてはまったく批判していない。プーチンが殺人者であるかどうか確たる証拠もなく、そもそも裁判での有罪判決も受けていない人物、しかも一国の大統領を殺人者と呼ぶというのは、外交儀礼から見て、大変無礼な話だ。相手を「交渉相手」や「連携相手」としてではなく、「敵」と認識していなければこういうことは言えない。アメリカの主要マスメディアも、中国とロシアを「敵」認定し、その流れに沿う発言や行動ならば、無条件で報道する。その結果、アメリカ国民の中に、そうした報道に踊らされて、中国とロシアに対して敵愾心《てきがいしん》を燃やす者たちが出てきている。

バイデン政権は、中国とロシアに対して、このように攻撃的な姿勢を取っている。２０１6年の大統領選挙直後から、「トランプ大統領が大統領になれば世界で戦争が起きる」「世界大戦勃発の危機だ」などと煽《あお》っていた日米の有識者たちは、２０２０年の大統領選挙でバイデンを応援したが、バイデン政権のこの好戦的な姿勢について押し黙ったままだ。トランプ政権での4年間で、世界大戦も起きず、アメリカが外国に兵隊を出すということもなかった。トランプ大統領は「アイソレイショニズム」を掲げ、アメリカ軍が関わる大きな戦争は起きなかった。トランプは公約を守った。そのトランプ大統領を追い出してみたら、戦争がやってくる、それに日本が巻き込まれるということを、バイデンを応援した人々は望んでいたのか。バカバカしくて、言う言葉もない。

バイデン政権の危険はすでに予言されたものであった。２０１５年3月、私の先生である副島隆彦が『日本に恐ろしい大きな戦争《ラージ・ウォー》が迫り来る』（講談社）という本を出した。２０１

5年3月の時点ではまだドナルド・トランプは大統領選挙に出馬会見をしていない。この時期、共和党側には有力な候補がおらず、「2016年の大統領選挙では民主党のヒラリー・クリントンが当選して、女性初の大統領となる」というのが大方の見方であった。『日本に恐ろしい大きな戦争《ラージ・ウォー》が迫り来る』で副島隆彦は、ヒラリー大統領誕生で、アメリカは大規模な軍事行動を起こし、戦争が起きるだろうという予測を立てていた。トランプ大統領当選というアメリカ国民の英断で、その危険は回避された。しかし、残念ながら、2020年にジョー・バイデンが大統領に当選してしまった。そしてこれは、「4年越しのヒラリー政権」の誕生である。世界の流れが再び戦争に向かって進んでいるということになる。

私は世界が戦争に向かっていると書いたが、すでに全世界は戦争状態にある。世界中で、新型コロナウイルス感染拡大防止ということで、生活が大きく制限されている。日本国内で官民を挙げて「新型コロナウイルス感染拡大との戦い」という大義名分を掲げ、「これまでの生活を変えましょう、新生活様式（ニュー・ノーマル）を採用しましょう」ということで、マスクをしての外出、夜の外食ができない状況、イヴェントの開催中止や縮小が1年以上も続いている。新たにネオンサインなどの消灯も始まったが、戦時中の灯火管制そのものだ。

麻生太郎財務大臣兼副総理は、今年の3月に記者たちに対して、「いつまでマスクをしなくちゃいけないんだ」と逆質問したことが話題になった。自分が政権の枢要を占めているのに、何と能天気で無責任な発言だと呆れる一方、「いつまでマスクをしなくてはいけないんだ」というのは非常に素直かつ正直な感想である。私たち一般国民もまた同じだ。太平洋戦争中の有名なスローガンに「欲しがりません勝つまでは」という言葉があるが、そのような我慢を強いられている。しかし、私たちは、同時にこの我慢を自ら進んで、幾分かは喜んで受け入れている部分がある。

２０２０年1月頃から日本でも新型コロナウイルス感染拡大のニュースが出始めた。中国の武漢では大変な状況だということから、やがて横浜港に停泊するクルーズ船内での感染拡大というニュースが連日報道されるようになった。そうしているうちに日本国内でも感染者が出始め、マスクが手に入らない状況となった。この時期、世界保健機関（ＷＨＯ）や一部の専門家たちは、「マスクは感染防止のためには有効ではない」ということを盛んに述べていた。

その後、マスクが何とか手に入るようになると、マスクは飛沫防止のためには効果があるということになった。人が密集していればマスクをするのは良いだろうが、人が多くない時間帯に散歩をしたり、ジョギングをしたり、そんな時でもマスクをしなければ、すれ違う人たちから非難の目で見られたり、マスクをしない理由を詰問されたりする光景は異常である。

私たちはいつの間にか、自分たちから進んで、何の疑問を感じることなく、不便な生活を自分から選び取るように仕向けられている。私は自分自身の行動を顧《かえり》みて愕然《がくぜん》としている。ここまで個人の生活を自らで圧迫できるのかと情けなくなっている。そして、このような状況は大変恐ろしいものだと考えている。

1941年からの太平洋戦争では、日本でも生活が統制され、一般国民は苦しい生活を強いられた。女性がスカートをはき、パーマをかけた髪で街を歩くと、「非国民」「贅沢は敵だ」と愛国婦人会の女性たちが糾弾した。現在の自粛警察が飲食店に嫌がらせしたり、マスクをしていない人間に対して糾弾したりすることと同じだ。「ぜいたくは敵だ」「欲しがりません勝つまでは」という戦時中のメンタリティと同じだ。

現在の新型コロナウイルス感染拡大対策での生活の制限は、大きな戦争の準備段階であり、やがて大きな戦争が来た時の生活の制限のための訓練であると私は考えている。

それでは大きな戦争とは何か。ずばりそれは、アメリカと中国・ロシアの戦争ということになる。そこまで行きつくにはいくつも段階を経なければならないが、すでにその方向に進んでいる。テレビを見てもアメリカからのニュースは連日、アメリカが中国を非難する内容のものばかりだ。アメリカと中国・ロシアの激突の可能性が高まっている。アメリカは太平洋を挟んで中国・ロシアと対峙している。その間に地理的に、また国際関係の点で、日本が存在している。

アメリカと中露両国がいきなり軍隊を動員していきなり全面的な衝突が起きるということはない。さらに言えば、大規模な軍隊同士が直接ぶつかる、そのような「時代遅れ out《アウト》-of《オブ》-date《デイト》」の戦争が起きる可能性は低い。戦争が起きるのは、新しい場所、具体的には宇宙やサイバー空間である。

人間を大量に殺傷し、建造物などを大規模に破壊する武器を大量破壊兵器 Weapons《ウエポンズ》 of《オブ》 Mass《マス》 Destruction《デストラクション》（ＷＭＤ）と呼ぶ。細かく言えば、ＡＢＣ兵器とも言う。Ａは核兵器 Atomic Bombs、Ｂは生物兵器 Biological Weapons、Ｃは化学兵器 Chemical Weapons を指す。人類は大量破壊兵器の使用と拡散を制限しようとしてきた。ある国がこれらの兵器を実際に使用すれば、非人道的な行為として大変な非難を浴び、厳しい制裁を科されることになるだろう。これらの兵器を持っていたとしても、現実的に戦争で使うことは難しい。

これからの戦争で使われる大量破壊兵器は、これまでと同じく、ABC兵器となるだろうが、その中身が変わる。Aは宇宙で使われる兵器 aerospace weapons 、Bは生物兵器のまま、Cはサイバー空間で使われる兵器 cyber weapons ということになるだろうと私は考えている。技術革新が進み、宇宙空間とサイバー空間での戦争、サイバー戦争 cyber《サイバー》 warfare《ウォーフェア》 ということになるだろう。

具体的には、AIを使った偽情報拡散、敵国政府機関のコンピュータをハッキングしての情報窃取、民間やインフラの機能不全や機能停止を引き起こす不正操作などが行われる。また、ドローン drone による偵察、監視、爆撃もすでに行われている。2020年7月、2021年4月にそれぞれ別のイランの核開発関連施設が大規模火災と停電に見舞われたが、これは外部からのサイバー攻撃によるものだったとイラン政府は発表している。このように、サイバー攻撃は大きな物理的な被害をもたらすことができるようになっている。通常兵器では不可能かつ多大な犠牲を必要とする攻撃がいとも簡単にできてしまう。SFの中の夢物語が現実のものとなりつつある。

アメリカ軍も中国人民解放軍もすでに宇宙軍とサイバー軍を創設している。また、本書の第1章で詳しく述べるが、ビッグ・テックと呼ばれる情報技術分野の超巨大企業とアメリカ政府、特に国防総省は結びつきを強め、「新・軍産複合体 Neo Military-Industry Complex 」

が形成されつつある。そして、バイデン政権の中枢を占める人物たちがこの新・軍産複合体作りを進めてきている。

それでは、これから本書の内容について章ごとに簡単に紹介していきたい。

本書の第1章と第2章では、バイデン政権の顔ぶれの分析を行う。第1章ではバイデン政権で外交、国家安全保障分野を担う人物たちを取り上げている。本章に出てくる人物たちの多くはヒラリー・クリントンとの関係が深いヒラリー派である。この人物たちがビッグ・テックと呼ばれる情報産業の超巨大企業とアメリカ政府・アメリカ軍との関係の橋渡し役をしていることを中心に分析している。

第2章では、バイデン政権の中でヒラリーと距離がある人物たちについて分析している。新型コロナウイルスと気候変動への対応を契機として、アメリカ国内を「リセット」する動きについて詳述している。

第3章では、アメリカの2大政党、共和党と民主党について分析している。具体的には、それぞれ内部にエスタブリッシュメント派とそれに対抗するポピュリズム派が存在している。それぞれが内部でどのように対立しているかについて分析している。

第4章ではアメリカ全体の分裂について取り上げている。アメリカの著名な知識人たちの業績をもとに、アメリカ国内の分裂について考察する。

あとがきでは、アメリカの民主政治体制と資本主義に対する不信感の増大とその危険性、さらにこれからの日本の取るべき行動について私なりの答えを提示した。

ジョー・バイデン政権について、日本ではあまり分析的な記事や書籍が出ていない。本書を読んでいただく皆さんに有益な情報と分析だと思っていただけたら、これにすぐる喜びはない。

2021年4月

古村治彦

# 目次

| | | | |
|---|---|---|---|
|  |  |  |  |
| ミゲル・カルドナ<br>教育長官 | デニス・マクドノー<br>退役軍人長官 | アレハンドロ・<br>マヨルカス<br>国土安全保障長官 | カマラ・ハリス<br>副大統領 |
|  |  |  |  |
| マイケル・リーガン<br>環境保護長官 | アヴリル・ヘインズ<br>国家情報長官 | キャサリン・タイ<br>通商代表 | リンダ・トーマス＝<br>グリーンフィールド<br>国連大使 |
|  |  |  |  |
| セシリア・ラウズ<br>経済諮問委員会<br>委員長 | イザベル・グスマン<br>中小企業庁長官 | ウィリアム・<br>バーンズ<br>中央情報局長官 | ジェイク・サリヴァン<br>国家安全保障問題<br>担当大統領補佐官 |

# バイデン政権の閣僚メンバー

アントニー・ブリンケン国務長官

ジャネット・イエレン財務長官

ロイド・オースティン
国防長官

メリック・ガーランド
司法長官

デブ・ハーランド
内務長官

トム・ヴィルサック
農務長官

ジーナ・ライモンド
商務長官

マーティ・ウォルシュ
労働長官

ハビエル・ベセラ
保険福祉長官

マルシア・ファッジ
住宅都市開発長官

ピート・ブティジェッジ
運輸長官

ジェニファー・グランホルム
エネルギー長官

装丁・折原カズヒロ
カバー写真・ゲッティイメージズ

第1章

# バイデン政権は4年越しで成立した「ヒラリー政権」である

2016年12月8日、ハリー・リード上院議員（院内総務、当時）の肖像画除幕式に出席するジョー・バイデン副大統領（当時）とヒラリー・クリントン国務長官（当時）［写真提供：CNP/時事通信フォト］

ジョー・バイデンJoe Biden（1942年－　78歳）は2021年1月20日に大統領就任式を行った。何とも寂しい、寒々しい就任式だった。その様子をテレビで見た人も多いだろう。「新型コロナウイルス感染拡大を防ぐ」を名目にして、戦時体制下で行われたような、地味な就任式となった。バイデン政権の先行きを暗示する式典となった。

就任式後からは、バイデンが閣僚や閣僚級の地位に指名した人物たちの連邦上院での人事承認が実施された。ホワイトハウス（大統領府）の補佐官人事に連邦上院の承認は必要ではないが、各省庁や行政機関のトップの人事には連邦上院の承認が必要となる。また、駐日大使なども人事承認が必要だ。

バイデン政権の閣僚や最高幹部たち、特に外交関係の人事を見ていくと、バイデン政権が「4年越しで成立したヒラリー・クリントン政権」であることが分かる。2016年にヒラリーが大統領選挙に勝利し、大統領になっていればまず間違いなく重要ポストに抜擢されたであろう人物たちが今回バイデン政権に入っている。バイデン政権の人気の低調ぶりには「なんだよ、結局ヒラリー政権じゃないか、これは戦争になるぞ」という人々の失望感があると私は考える。

これから、今回バイデン政権に入った外交や安全保障関係の重要ポストに就いた人物たちについて見ていく。トランプ前政権とバイデン政権の高官人事の最大の違いは、バイデン政権では、良く言えばワシントンでの経験が豊富、悪く言えばワシントンのしきたりと生活に染まりきったインサイダーであるエリートたちが多く起用されている点だ。トランプ前政権ではアメリカ東部のアイヴィーリーグの名門大学やローズ奨学生としてイギリスに留学した経験を持つ者はほとんどいなかった。トランプ自身も含めてワシントンのアウトサイダーたちが多く参加していた。

## ジョー・バイデン、カマラ・ハリスとヒラリーの深い関係

バイデンとヒラリーの関係で言うと、民主党所属の連邦上院議員、オバマ政権での同僚という関係になる。バイデンは１９７３年から２００９年まで、ヒラリーは２００１年から２００９年まで連邦上院議員を務めた。オバマ政権では副大統領と国務長官の間柄であった。バイデンとヒラリーと言えば、２００１年と２００２年のアフガニスタンとイラクへの米軍の侵攻に関して、両者は連邦議会側で推進役を務めた。

カマラ・ハリス Kamala Harris（１９６４年－　56歳）副大統領とヒラリーとの間に深い

関係があるという証拠を見つけることができなかった。カマラ・ハリスについて簡単に紹介しておきたい。カマラ・ハリスはカリフォルニア州出身で、ジャマイカ出身の経済学者の父、インド出身の医学研究者の母の間に生まれた。大学はワシントンDCにあるハワード大学である。ハワード大学は黒人大学 black universities and colleges の名門として知られている。黒人大学とは、アイヴィーリーグなどの名門大学がアフリカ系の学生たちの入学を制限していた時代、高等教育を行うために設立された、長い歴史を持つ大学群である。ハワード大学は「黒人大学のハーヴァード」と呼ばれる、トップ大学だ。

その後はカリフォルニア大学ヘイスティング校法科大学院を卒業し、カリフォルニア州で検事としてキャリアをスタートさせた。２０１１年から２０１７年までカリフォルニア州司法長官を務めた。この時期、当時のオバマ大統領がカマラを「全米で最も美しい州司法長官」と呼んだことが問題になったが、それによって、カマラが全米の注目を集めることになった。そして、２０１６年の連邦上院議員選挙に当選した。

２０２０年アメリカ大統領選挙民主党予備選挙に出馬したが、支持率は上がらず、早々に撤退することになった。

先ほど述べたように、カマラ・ハリスについてはヒラリーとの関係を示すものを見つける

# バイデン政権に入り込むヒラリー人脈

ヒラリー・クリントン

カマラ・ハリスの妹マヤ・ハリス。長らくヒラリーの選対メンバーだった。またアメリカ進歩センター(CAP)上級研究員でもある。

副大統領カマラ・ハリス

バリバリのヒラリー派のニーラ・タンデン、CAP所長

ことができなかったが、カマラの妹マヤ・ハリス Maya Harris（1967年－　54歳）はヒラリーと深い関係がある。『ニューヨーカー *New Yorker*』誌2016年11月5日付記事「ヒラリー・クリントンと進歩主義をつなぐマヤ・ハリスに会う（MEET MAYA HARRIS, HILLARY CLINTON'S PROGRESSIVE LINK）」（エミリー・グリーンハウス記者）の内容を使って紹介する。

マヤは2016年の大統領選挙で、ヒラリー選対で3人しかない上級政策顧問を務めた。マヤ以外の上級政策顧問は、バイデン政権で国家安全保障問題担当大統領補佐官となったジェイク・サリヴァン（後述する）、2020年12月までカリフォルニア州知事首席補佐官を務めたアン・オリアリー Ann O'Leary（1971年－　50歳）がいる。オリアリーもバイデン政権入りが見込まれている。

マヤはカリフォルニア大学バークレー校を卒業し、スタンフォード大学法科大学院に進み、弁護士となった。その後は人権派弁護士として人権団体などで活動している。そうした中で、ヒラリー選対にスカウトされ、人種、ジェンダー、弱者の経済力強化、刑法改革、警察改革、移民、投票に関する権利、権力行使などに関する政策提案を担当した。

バイデン政権の外交政策については後述するが、アメリカの対中封じ込め政策において、インドは重要な意味を持つ。そうした中で、インド系のハリス姉妹がバイデン政権に関わっている事実は重要だ。インド系アメリカ人を起用することで、インド本国の人々のアメリカへの支持を集めようという意図が透けて見える。

マヤはヒラリー選対に入っていただけではなく、2013年にアメリカ進歩センター Center for American Progress（CAP）の上級研究員となった。アメリカ進歩センター（CAP）は、ヒラリー派の牙城となっているシンクタンクである。CAPは2003年に創設された。創設者はジョン・ポデスタ John Podesta（1949年－　72歳）である。ポデスタは、ビル・クリントン政権2期目の大統領首席補佐官（1997－2001年）、バラク・オバマ政権2期目の大統領顧問（2014－2015年）を務めた。また、2016年の大統領選挙では、ヒラリー・クリントン選対の委員長を務めた。ヒラリーの古くからの側近である。

アメリカ進歩センターは、リベラルな政策提言を行っているが、軍需産業や保険会社など大企業からの献金を受けていること、ジョージ・ソロスからの資金援助を受けていること、献金者の情報公開が不十分であること、アラブ首長国連邦やサウジアラビアからの支援を受け、これらの国々に対する批判が不十分であることなどで、民主党支持者の一部から批判されている。

アメリカ進歩センターの所長を務めているニーラ・タンデン Neera Tanden（１９７０年ー　50歳）は典型的なヒラリー派である。タンデンは『ニューヨーク・タイムズ』紙に「クリントンに忠誠を誓う、熱烈な支持者 a Clinton loyalist」（２０２１年3月6日付記事）と評されるほどであり、またヒラリーとの関係が深いことでも知られている。ビル・クリントン政権下でホワイトハウスに入り、国内政策担当スタッフを務め、大統領夫人《ファースト・レイディー》事務局で国内政策担当補佐官を務めた。

タンデンは医療保険制度の専門家であり、オバマ政権ではオバマケアの成立に貢献した。リベラル派であり、国民全員に何らかの健康保険は提供すべきだと主張している。しかし、民主党内の進歩主義派が主張している、政府が全国民に健康保険を提供する単一者支払制度 single-payer healthcare には反対している。対外政策では「タカ派 hawk」、つまり外国に介入して、非民主的な政治体制を打倒することを肯定している。

タンデンは、バイデン政権の行政管理予算局長 Director of Office of Management and Budget に指名されていたが、最終的に指名撤回に追い込まれた。大統領から指名された人物の人事承認に関しては、ほとんどの場合、大統領が指名した人物にそのまま承認が与えられる。しかし、議会側を怒らせたり、公聴会で失敗したりという場合には、上院で人事が否決される。

タンデンがＳＮＳのツイッターで共和党所属の連邦上院議員だけでなく、民主党進歩主義派の議員たちも激しく攻撃する書き込みを行っていたことが問題視され、連邦上院での人事承認が得られる見込みがなくなってしまった。行政管理予算局は、大統領行政府（ホワイトハウス）に属する行政機関で、予算作成や執行の調整などを行う。それを統括するのが行政管理予算局長だ。連邦議会との交渉や調整を行うポジションであるため、連邦議会との関係が重要になってくる。連邦議員たちを怒らせたような人物では務まらないポジションだ。

タンデンは、国内政策ではリベラルであるが、対外政策になると、タカ派的、特に非民主国家である中国とロシアに対しては敵対的だ。タンデンもまたインド系であり、ハリス姉妹と同じく、インド系を取り込むことも意図された人事だったことが考えられる。

## 「人道的介入主義派」と「ネオコン派」について

今回のバイデン政権の外交政策ティームはオバマ政権時代、ヒラリー・クリントンが国務長官だった当時に彼女の下で働いていた。この当時のアメリカの外交政策は「人道的介入主義 Humanitarian《ヒューマニタリアン》 Interventionism《インターヴェンション》」と呼ばれるものだった。人道的介入主義とは、人道の観点から人権侵害や大量虐殺（genocide《ジェノサイド》 民衆を大量に殺害する、政治的大量殺人）などが起こっている国に、それらを阻止するために、国際社会や諸大国が軍事力をも行使して介入《インターヴェンション》することを肯定する考え方である。この人道的介入主義の頭目がヒラリー・クリントンであり、彼女の周囲に集まっている人々が人道的介入主義派を形成している。そして、バイデン政権で主要メンバーとなっている。この人々は民主党に属している。

共和党系で人道的介入主義派に相当するグループは、「ネオコンサヴァティヴ派 Neoconservatives」「ネオコン派」だ。ネオコン派については、ジョージ・W・ブッシュ政権の外交政策を牛耳り、アメリカをアフガニスタンとイラクでの戦争に引きずり込んだことで、日本でもすっかり有名になった。ネオコンについての簡潔な定義は次のようになる。「自由、民主主義、人権といったアメリカ的価値と原則を世界に普及する義務を重視し、絶対的道徳観と強い『反全体主義・反独裁』のイデオロギーに貫かれていること」（高畑昭男「新保守主義の思想と外交」久保文明編著『アメリカ外交の諸潮流』183ページ）ということになる。ネオコンの総帥《そうすい》は、ジョージ・W・ブッシュ政権で副大統領（実質的には大統領）を務めたディック・チェイニー Dick Cheney（1941年－ 80歳）である。

人道的介入主義派とネオコン派は共に、自由とデモクラシー、人権を最上の価値として、それが実現していない、独裁体制の国々の政治体制の転換、民主化を目指す。そのためには軍事加入、戦争をもいとわない。アメリカの強大な力はこうした崇高な使命のために使うべきだと考える。こうした「介入」を肯定する外交政策の元祖は、ジョン・F・ケネディであり、今は所属する政党が別になり、2つに分かれている人道的介入主義派とネオコン派も元は同根だ。このことは拙著『アメリカ政治の秘密　日本人が知らない世界支配の構造』（PHP研究所、2012年）で詳しく説明している。是非読んでいただきたい。

人道的介入主義派とネオコン派に対抗するのが、現実主義 Realism だ。これは民主、共和両党にいる。現実主義とは、アメリカの力の限界を認識し、できるだけ外国に対して介入をしないという考え方だ。このリアリズムが政権の外交政策の主柱であったのが、ジョージ・H・W・ブッシュ政権（1989－1993年）だった。ブッシュ（父）大統領とジェイムズ・ベイカー国務長官は、抑制的な外交姿勢を貫いた。ブッシュ（父）政権期間中、イラクによるクウェート侵攻が発生し、湾岸戦争に発展した。ブッシュ政権は多国籍軍を結成し、イラク軍をクウェートから追い出すことに成功した。ブッシュ大統領とベイカー国務長官は、米軍がイラク軍を追撃して、イラク国内に入り、サダム・フセイン政権を倒すことを許可しなかった。

この時、政権の中堅幹部を占めていたのが、後にジョージ・W・ブッシュ政権で最高幹部を占めたネオコン派だった。政権内のネオコン派は繰り返し、米軍によるイラク侵攻とフセイン政権の打倒を訴えたが、ブッシュ大統領とベイカー国務長官は彼らの意見を退けた。

オバマ政権で言えば、バラク・オバマ大統領はブッシュ（父）政権時代の抑制的な外交を目指した。しかし、民主党内のバランスを重視した結果、ヒラリー・クリントンを国務長官に起用せざるを得なかった。ヒラリー国務長官の下、サハラ砂漠以北の北アフリカ地中海沿岸の国々で起きたのが「アラブの春 Arab Spring 」だった。より正確に言えば、「起こされた」ということになる。当時ようやく多くの人々に使われるようになっていた、SNSのツイッターやフェイスブックが米国務省と組んで、アラブの春で重要な役割を果たしたことは、先に挙げた拙著『アメリカ政治の秘密　日本人の知らない世界支配の構造』で詳しく説明した。

あれから10年、フェイスブックやツイッターのようなSNS、そして、ビッグ・テック big tech と呼ばれる情報系の超巨大企業はアメリカ政府や軍との結びつきをさらに強めている。ビッグ・テックとは、情報技術産業部門の超巨大企業のことだ。GAFAと呼ばれる、グーグル社 Google、アマゾン社 Amazon、フェイスブック社 Facebook、アップル社 Apple の4つ Big Four に、マイクロソフト社 Microsoft、ネットフリックス社 Netflix、ツイッター社 Twitter などが含まれる。アメリカ政府や米軍とこれらビック・テック各社のつながりはどんどん深まっており、「新・軍産複合体 Neo《ネオ》 Military《ミリタリー》-Industry《インダストリー》 Complex《コンプレックス》」とも言うべき状態にまでなっている。このことも本章の後半で詳しく述べる。

## バイデンの最側近アントニー・ブリンケンが国務長官に抜擢

アントニー・ブリンケン Antony Blinken（1962年－ 58歳）はバイデンの最側近だ。子供時代に両親が離婚し、母が再婚して一緒にパリに移り住んだ。高校卒業までパリで過ごしたので、フランス語に堪能となった。その後、アントニー・ブリンケンはハーヴァード大学を卒業し、コロンビア大学法科大学院を卒業した。

　1993年からは国務省に勤務し、2002年からは上院外交委員会の民主党側スタッフとなった。この時に上院外交委員長を務めていたジョー・バイデンと知り合い、その後、側近となった。2009年からはジョー・バイデン副大統領の国家安全保障問題担当補佐官を務めた。2013年から2015年までは国家安全保障担当大統領次席補佐官を務めた。さらに2015年から2017年にかけては国務副長官も務めた。オバマ政権時代には「副」「次席」の立場で外交政策や国家安全保障政策を担った。

オバマ政権終了後の2017年には、オバマ政権で政策担当国防次官 Under Secretary of Defense for Policy を務めたミッシェル・フロノイと共同して「ウエストエグゼク・アドヴァイザーズ社 WestExec Advisors」というコンサルタント会社を創設した。また、バイデン政権の重要ポジションを占める人々と共に、投資会社「パイン・アイランド・キャピタル・パートナーズ社 Pine Island Capital Partners」の役員も務めていた。この2つの企業については極めて重要なことなので、本章の後半部で取り上げ、詳しく説明する。

ここで、アメリカの中央政府の各省庁の職位について説明する。上から順番に長官 Secretary・副長官 Deputy Secretary・次官 Under Secretary・次官補 Assistant Secretary・次官補代理 Deputy Assistant Secretary となっている。下に行くほどにそれぞれ担当分野が細かく分かれていく。国務省では副長官が2名置かれているが、国防総省では1名だけという細かい違いはあるが、職制は順番にこうなっている。この順番を覚えておくと、アメリカ政治関連のニュースを見る時に便利だ。

米国務省について見ていくと、国務長官の下に2名の国務副長官がいる。外交政策担当と内部の管理・資源担当に分かれている。6名いる国務次官の中で筆頭になるのは、政治担当国務次官 Under Secretary of State for Political Affairs だ。外交政策担当国務副長官のすぐ下で、省内の序列で3番目となる。この下に、8名の国務次官補がおり、それぞれに担当局 Bureau《ビューロー》 があり、その1つが「東アジア・太平洋局 Bureau of East Asian and Pacific Affairs」である。その中に「日本部 Office of Japanese Affairs」が含まれている。日本を直接担当するのは東アジア・太平洋担当国務次官補と日本部長 Director《ディレクター》 ということになる。

ブリンケンは、トランプ政権の外交政策を一民間人の立場から批判していた。特に、トランプがドイツ駐留米軍の削減を発表した際には厳しく批判した。また、トランプ大統領の北朝鮮政策についても「何もないよりもなお悪い［最低のそれ以下］worse than nothing」と痛烈に非難した。ブリンケンは人道的介入主義を標榜する人物であり、米軍の力を削《そ》ぐ、またはアメリカが国内問題を優先するアイソレイショニズム Isolationism に反対の立場を取っていた。そのために、トランプ政権に批判的であった。

ブリンケンは2021年3月3日、外交政策の方針演説を行い、中国をアメリカにとって

# 見えるヒラリー人脈の強さ

ヒラリー系

ウェンディ・シャーマン
国務副長官（外交問題担当）

ヴィクトリア・ヌーランド
政治担当国務次官

ヒラリー系

＝

バイデン系

ブリンケン国務長官

ブライアン・マッキオン
国務副長官
（管理・資源担当）

ヒラリー系

夫 ロバート・ケーガン

国務省

# 大統領府、国務省高官人事から

安全保障問題担当の高官は明らかにヒラリー人脈だ。しかもみんな若い。国家安全保障問題担当大統領補佐官に就いたジェイク・サリヴァンは44歳。ヒラリー系だ。その下の次席補佐官に就いたジョナサン・フィナーは45歳。

ヒラリー系

ジェイク・サリヴァン
安全保障問題担当大統領補佐官

ジョナサン・フィナー
安全保障問題担当大統領
次席補佐官

バイデン系

ロン・クレイン
大統領首席補佐官

**大統領府**

「地政学上の最大の試練」と呼んだ。それ以降、アメリカの中国に対する姿勢は強硬なものになっている。「まえがき」でも触れたが、アンカレッジでの米中外交トップ会談では激しい非難の応酬となった。2022年に北京で開催される冬季オリンピック・パラリンピックに対する、同盟諸国との「共同ボイコット joint boycott」ということまで言及している。

## オバマ政権の若手外交専門家ジェイク・サリヴァンが国家安全保障問題担当大統領補佐官に

私は拙著『アメリカ政治の秘密』(PHP研究所、2012年)の中で、ジェイク・サリヴァン Jake Sullivan(1976年-　44歳)を取り上げ、「10年後か20年後に民主党が政権を取った際に、外交関係の重要人物となっていくだろう」と書いた。ある友人が「それは言い過ぎじゃないか。そんなことを書いて大丈夫か」と私に向かって言ったことを今でも忘れない。しかし、私の予想よりもだいぶ早まったが、サリヴァンは「外交関係の重要人物」となった。

私が2012年の時点でサリヴァンに注目したのは、彼がこの当時、国務省政策企画局長 Director of Policy Planning を務めていたからだ。しかもこの当時、サリヴァンはまだ35歳だった。国務省政策企画局長のポストは歴代、大物が務めてきた。初代局長は、アメリカの「ソ連封じ込め」政策を立案したジョージ・F・ケナン George Kennan(1904-2005

年　101歳で没）だった。その他にも、W・W・ロストウ（ジョン・F・ケネディ政権）、アンソニー・レイク（ジミー・カーター政権）、ポール・ウォルフォビッツ（ロナルド・レーガン政権）が務めた。これらの人物は、後に国家安全保障問題担当大統領補佐官など重職に就《つ》いた。だから、私は「ジェイク・サリヴァンは次かその次に民主党が政権を取れば、外交関係の要職に就くはずだ」と考えた。

ここで、国家安全保障会議 National《ナショナル》 Security《セキュリティ》 Council《カウンシル》（NSC）について説明したい。NSCは1947年に創設された。安全保障政策と外交政策を専門とする大統領直属の機関である。大統領への助言、中期的な政策の立案、関係省庁間の調整がNSCの役割であり、安全保障政策と外交政策の「司令塔」のような極めて重要な機構である。NSCの主宰者となるのが国家安全保障問題担当大統領補佐官である。関連する重要閣僚や米軍トップの統合参謀本部議長 Chairman of the Joint Chiefs of Staff が出席する。

ジェイク・サリヴァンは1976年生まれで、まだ44歳という若さである。イェール大学で政治学と国際関係論を専攻し、1998年に最優等で卒業した。その後、ローズ奨学生としてイギリスのオックスフォード大学に留学し、2000年に国際関係論で修士号を取得した。帰国後、イェール大学法科大学院に進み、２００３年に弁護士となった。アメリカのエリート街道まっしぐらという輝かしい経歴である。

弁護士として活動している時に、生まれ故郷のミネソタ州選出のエイミー・クロウブッシャー連邦上院議員（民主党）の顧問弁護士となり、その縁でヒラリー・クリントンの知遇を得た。ヒラリーとの縁がサリヴァンをワシントンに引き入れることになった。

２００８年の大統領選挙ではヒラリー選対に政策顧問として参加した。ヒラリーが予備選挙で敗れた後は、オバマ選対に参加した。オバマ政権では、ヒラリー国務長官下で国務長官副補佐官に就任し、２０１１年からは国務省政策企画局長になった。２０１２年には、後にイランとの核開発をめぐる合意に達する交渉を秘密裏に始めた。

２０１３年にヒラリーが国務長官を退いた後、ジョー・バイデン副大統領の国家安全保障担当副大統領補佐官に就任した。２０１４年にはオバマ政権を離れ、母校イェール大学法科大学院で教鞭を執《と》ることになった。この時、ジェイク・サリヴァンは国政政治家への転身を模索していたが、うまくいかなかったという話もある。

２０１６年の大統領選挙ではヒラリー選対の外交政策担当の上級政策顧問を務めた。この時にヒラリーが大統領になっていれば、サリヴァンが国家安全保障問題担当大統領補佐官になっていたであろうと言われている。サリヴァンは４年越しでそのポジションに就いたということになる。

サリヴァンの下の国家安全保障問題担当大統領次席補佐官 Deputy National Security Advisor に、ジョナサン・フィナー Jonathan Finer（1976年‐ 45歳）が起用された（写真は35ページ）。フィナーは、ハーヴァード大学卒業後、ローズ奨学生としてオックスフォード大学に留学し、国際関係論で修士号を得た。帰国後はイェール大学法科大学院に進み、弁護士資格を得た。

フィナーは弁護士としての活動はほとんど行っていない。2001年から2002年にかけて、ヘンリー・ルース財団からの奨学金を得て、香港に滞在し、『ファー・イースタン・エコノミック・レヴュー』紙の記者と編集者を務めた経験を持つ。ヘンリー・ルース Henry Luce（1898‐1967年 68歳で没）は『タイム』誌や『ライフ』誌を創刊した人物で、15歳まで中国で過ごした人物である。その後、フィナーは『ワシントン・ポスト』紙の記者となり、2003年のアメリカ軍のイラク侵攻の際には海兵隊部隊に同行して取材し、2005年から2006年までバグダッドで取材活動を行った。

フィナーは2009年のオバマ政権成立後に、ホワイトハウス・フェローとして政権のスタッフとなった。ホワイトハウス・フェローとは研修制度で、大統領や高官のスタッフとして働く制度だ。フィナーは大統領首席補佐官 White House Chief of Staff と国家安全保障会議のスタッフを務めた。また、その後は正式なスタッフとして、ジョー・バイデン副大統領の中東・北アフリカ担当特別補佐官と外交政策分野担当スピーチライター、国家安全保障問題担当大統領次席補佐官アントニー・ブリンケンの上級補佐官を務めた。そして、オバマ政権末期の２０１５年からはジョン・ケリー国務長官の首席補佐官、２０１６年から２０１７年まで国務省政策企画局長を兼任して務めた。

フィナーは、ローズ奨学生でオックスフォード大学留学、イェール大学法科大学院修了、国務省政策企画局長の経験、これらの点で、上司となるジェイク・サリヴァンとそっくりの経歴を辿《たど》っている。ただ、フィナーはヒラリー系ではなく、バイデン直系の人物ということになる。そうしたことから、フィナーもまたサリヴァンと同様、民主党側の外交政策にとって重要人物となり、将来民主党が政権を握る際には重要なポジションに就くことが予想できる。

サリヴァンの対中国観について分かる重要な論文がある。それは、２０２０年5月22日付で『フォーリン・アフェアーズ *Foreign Affairs* 』誌に発表された記事「世界支配に向けて中国には2つの道筋がある（ China has two paths to global domination ）」だ。１つ目の道筋は西太平洋地域において地域における一番の大国となり、それを足掛かりにして国際的な超大国になる、というものだ。2つ目の道筋は、地域大国から国際的な超大国になるという、これまでの歴史でも見られた常識的な道筋を無視して、アメリカの同盟システムに対抗する形で、いきなり国際舞台において経済的、外交的、政治的影響力を行使して中国によるシステムを作るというものだ。

中国は西太平洋地域にアメリカの軍事基地や同盟諸国が存在するうちは、真の国際的な超大国になることはできないとサリヴァンは指摘している。そこで、中国は、中国周辺地域からアメリカの影響力を排除しようとする。すでに中国政府は「アジア人のためのアジア Asia for Asians」という言葉を使い、「アメリカの介入なしでアジア地域の諸問題を解決しよう」という考えを売り込んでいる。サリヴァンは中国の国際的超大国化の道筋は、アメリカがたどった道筋、経験と同じだと指摘している。しかし、中国が西太平洋でのアメリカの影響力の排除を行うことは難しい。そこで、中国は西側のユーラシア大陸とインド洋に向かう、それが一帯一路計画だ。この一帯一路計画には、ユーラシア大陸横断と共に、インド洋からアフリカにつながる航路が含まれている。

サリヴァンの分析によって、中国とアメリカが対峙する最前線は、西部太平洋であるが、それに加えて、アメリカは中国の西進、インド洋への進出にも対抗しなければならないという政策を引き出されることになる。その結果、バイデン政権において「インド・太平洋」という地域概念が重要になり、そこから日本でもよく報じられている「クアッド」戦略が導き出されている。これらについては後述する。

## ⬟国務省高官人事はバランス重視となっている

日本経済新聞2021年1月28日付記事「米国務省、高官4氏は実務派に」で、国務省高官人事が紹介されている。国務副長官（外交政策担当）にウェンディ・シャーマン Wendy Sherman（1949年－　71歳）、国務副長官（管理・資源担当）にブライアン・マッキオン Brian P. McKeon（1962年－　58歳）、政治担当国務次官にはヴィクトリア・ヌーランド Victoria Nuland（1961年－　59歳）が指名された。国務省高官人事はオバマ系、バイデン系、ヒラリー系がそれぞれ起用され、苦心のバランスがとられている（写真は34ページ）。

ウェンディ・シャーマンはボストン大学を卒業後、メリーランド大学で社会福祉修士号を取得した。ソーシャル・ワーカーとしてキャリアを開始し、その後、連邦下院議員のスタッフから政治の世界に入り、１９８８年の大統領選挙や連邦議会議員選挙を、民主党全国委員会の幹部スタッフとして取り仕切った。１９９３年からビル・クリントン政権に入り、議会担当国務次官補を務め、１９９７年から２００１年まで、マデリーン・オルブライトMadeleine Albright（１９３７年－83歳）国務長官の下で、国務省参事官Counselor of Department of Stateを務めた。国務省参事官は国務長官の相談役を務める役職だ。シャーマンはビル・クリントン政権で北朝鮮交渉をリードし、オルブライト国務長官の北朝鮮訪問を成功させた。シャーマンはオルブライトの側近であり、政府から離れた後は、オルブライトが設立したコンサルタント会社オルブライト・ストーンブリッジ・グループの役員を務めていた。

ブライアン・マッキオンは、ノートルダム大学卒業後、ジョージタウン大学法科大学院に進学した。１９８７年から１９９５年まで当時連邦上院議員だったジョー・バイデンのスタッフとなり、外交政策と防衛政策を担当した。１９９７年から２００９年まで連邦上院外交委員会の民主党側首席スタッフを務めた。２００１年から２００３年、そして２００７年から２００９年まで連邦上院外交委員会委員長を務めたのがジョー・バイデンだった。オバマ政権では、ジョー・バイデン副大統領の国家安全保障問題担当次席補佐官（２００９－２０

12年）、国家安全保障会議事務総長 executive secretary（2012－2014年）、筆頭政治担当国防副次官（2014－2016年）を歴任した。

マッキオンはオバマ政権終了後、2018年にペンシルヴァニア大学に開設された「ペン・バイデン外交・国際関与センター Penn Biden Diplomacy International Engagement」の常任理事を務めた。マッキオンは古くからのジョー・バイデンの側近として、事務方、裏方の仕事に徹してきた。国務副長官（管理・資源担当）は、オバマ政権時代に設置され、「国務省の最高執行責任者 Chief Operating Officer（COO）」とも呼ばれるポジションだ。国務省の運営管理、人事などを幅広く担当する。トランプ政権では空席となったが、今回、バイデン政権で復活し、バイデン側近最古参のマッキオンが就任する。

## ●「凶暴な外交官」ヴィクトリア・ヌーランドが国務次官に起用される

私が驚いたのは、ヴィクトリア・ヌーランドが国務省内の序列第3位の政治担当国務次官に起用されたことだ。ヌーランドは1961年生まれ、1983年にブラウン大学を卒業して国務省に入省し、職業外交官となった。

2003年から2005年までディック・チェイニー副大統領の外交政策担当筆頭副補佐

官を務めた。2005年から2008年まで北大西洋条約機構常任委員代表（NATO大使）、2011年から2013年まで国務省報道官を務めた。ヌーランドの後任の報道官を務めたのが、バイデン政権のホワイトハウス報道官を務めるジェン・サキだ。

2013年から2017年まで、ヨーロッパ・ユーラシア担当国務次官補 Assistant Secretary of State for European and Eurasian Affairs を務めた。この期間、ヌーランドは反ロシア的な政策を実施した。

ヌーランドは、ヨーロッパ・ユーラシア担当国務次官補として、ウクライナ騒乱（マイダン革命）に対処した。ウクライナでは長年、親露派と親欧米派の対立が続いた。2004年に親欧米政権ができた（これをオレンジ革命と呼ぶ）。その後も両派の対立が続き、2010年の選挙では親露派政権が成立した（ヤヌコヴィッチ政権）。2014年になると、親露派政権に対する批判が高まり、大統領が追放され、選挙が前倒しで実施された。また、ロシアによるクリミア併合とウクライナ東部で紛争が起きた。これらの事件は合わせてウクライナ騒乱と呼ばれている。親欧米派のバックにいて操ったのが、ヴィクトリア・ヌーランドだった。

ヌーランドはウクライナ騒乱について、ヨーロッパ諸国の反応が遅いと苛立ち、駐ウクライナ米国大使との電話での会話の中で、EUについて「くそったれ」と悪態をついた。この会話をロシアが盗聴し録音したものを公表した。結果、ヌーランドは謝罪に追い込まれた。

ヌーランドの夫はロバート・ケーガン Robert Kagan（1958年－　62歳）というネオコンの論客だ。私は、ケーガンの著書『アメリカが作り上げた〝素晴らしき〟今の世界』（ビジネス社、2012年）を翻訳した。ケーガンはアメリカの軍事介入に批判的なヨーロッパ諸国を批判し、「アメリカ人は火星から、ヨーロッパ人は木星から来た Americans are from Mars and Europeans are from Venus」くらいに考えが異なり、お互いに理解も出来ず、同意も出来ないと書いた。このことでヨーロッパ諸国からは非難を浴びたが、アメリカ国内では気骨のある論客として名前が上がった。夫婦揃って、ヨーロッパに悪態をついて問題になった。ケーガンは共和党員でありながら、2016年の大統領選挙で民主党のヒラリーを応援し、ヒラリーの選挙資金集めのためのパーティー開催を計画した人物である。

ロシアが嫌がるヌーランドを国務省序列第3位である政治担当国務次官に起用するということは、バイデン政権には、反ロシアの意図があることを明確に示している。そして、それはバイデン政権が実質的にヒラリー政権であることを示している。バイデン政権は、ヌーランドを起用することで、ロシアとの全面的な対決も辞さない、強硬姿勢を取るということを高らかに宣言したことになる。

国務省の高官人事を見れば、バイデン政権が「4年越しにできたヒラリー政権」の面を持つことがさらに納得できる。国務省高官たちはヒラリーと深い関係を持っている。

ここまでの内容をまとめ、人脈を分類すると、次のようになる。バイデン系は、ブリンケン国務長官とブライアン・マッキオン国務副長官（管理・資源担当）だ。ブリンケンは2000年代から、マッキオンは1980年代からバイデンの側近となった。両者は、オバマ政権では、副大統領のバイデンを支えつつ、実務を担うポジションを担った。

ヒラリー系は、ジェイク・サリヴァン国家安全保障問題担当大統領補佐官、ウェンディ・シャーマン国務副長官（外交政策担当）、ヴィクトリア・ヌーランド政治担当国務次官補だ。サリヴァンは、2016年の大統領選挙ではヒラリー陣営の上級顧問を務め、国務長官時代には補佐官や政策企画本部長を務めた。シャーマンはクリントン政権以来のヒラリーとの付き合いがあり、また2008年の大統領選挙ではヒラリー陣営に協力した。ヌーランドはヒラリー国務長官の下で、国務省報道官を務めた。

ヒラリー系に偏らないように配慮されているが、実質的にはヒラリー系が仕切ることになっていることが人材の配置を見れば明らかである。これが「4年越しのヒラリー政権」という私の主張の根拠である。

## ⬟バイデン政権の「核《コア》」となる人物たちが民間時代に関わった3つの組織

　これからが今回のバイデン政権のヒラリー系人物たちを分析する際の肝《きも》となる部分である。肝となる部分は、政権入りする前に所属していた3つの組織である。それらは、❶新アメリカ安全保障センター Center for a New American Security（CNAS）、❷ウエストエグゼク・アドヴァイザーズ社 WestExec Advisors、❸パイン・アイランド・キャピタル・パートナーズ社 Pine Island Capital Partners である。

　❶の新アメリカ安全保障センターは安全保障政策研究を専門とするシンクタンク、❷のウエストエグゼク・アドヴァイザーズ社はコンサルタント会社（戦略アドヴァイザーと自称している）、❸のパイン・アイランド・キャピタル・パートナーズ社は投資会社である。ジョー・バイデン政権の「核《コア》」となる人物たちはこれら3つの内の1つ、もしくは2つに関係していた（政権に入ったので今は組織から離れている）。これがバイデン政権の最大の特徴である。そして、バイデン政権（実質的にはヒラリー政権）が向かう方向性を掴むことができる。

# バイデン政権の中心人物たちが深く関わる3つの組織・会社のど真ん中にいるミッシェル・フロノイ

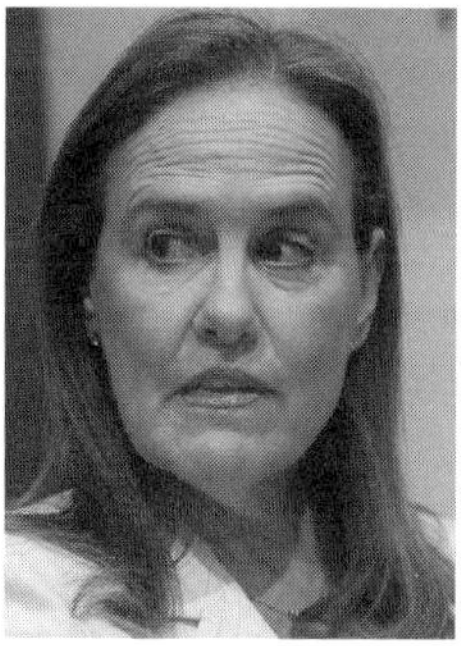

2016年にヒラリーが大統領になっていれば、女性初の国防長官になるだろうと言われていた、ミッシェル・フロノイ（1960-　）

**❶新アメリカ安全保障センター**
（CNAS）

創設年：2007年
創設者：カート・キャンベル
　　　　ミッシェル・フロノイ
安全保障専門のシンクタンク

**❷ウエストエグゼク・アドヴァイザーズ社**
（WestExec Advisors）

創設年：2017年
創設者：アントニー・ブリンケン、
　　　　ミッシェル・フロノイ
安全保障とビッグ・テックをつなぐコンサルティング会社

**❸パイン・アイランド・キャピタル・パートナーズ社**

創設年：2018年
創設者：ジョージ・セイン（元メルリ・リンチCEO）
役　員：トム・ダシュル、リチャード・ゲッパート、
　　　　ミッシェル・フロノイ他
国防関連産業への投資会社

# 重要な３組織との関係

アヴリル・ヘインズ
（国家情報長官）

❷ WestExec Advisors 部長

ジェン・サキ
（ホワイトハウス報道官）

❷ WestExec Advisors 部長

イーライ・ラトナー
（国防長官特別補佐官）

元バイデン副大統領国家安全保障問題次席補佐官

❶ CNAS 上級副所長・研究部長
❷ WestExec Advisors 上級顧問

カート・キャンベル
（国家安全保障会議インド・太平洋調整官）

❶ CNAS 共同創設者

ヴィクトリア・ヌーランド
（政治担当国務次官）

❶ CNAS 最高経営責任者

# バイデン政権の主要人物と

ミッシェル・フロノイ
（元国防次官）

❶ CNAS 共同創設者
❷ WestExec Advisors 共同創設者
❸ Pine Island Capital Partners 役員

ロバート・O・ワーク
（国防副長官）

❶ CNAS 上級研究員、CEO
❷ WestExec Advisors 部長
❹ レイセオン社 役員

アントニー・ブリンケン
（国務長官）

❷ WestExec Advisors 共同創設者
❸ Pine Island Capital Partners 役員

ロイド・オースティン
（国防長官）

❸ Pine Island Capital Partners 役員
❹ レイセオン社 役員

＊❹ は ❶ ～ ❸ 以外の重要組織

このバイデン政権の中枢メンバーが深く関わってきた3つの組織について、アメリカの主要メディアも取り上げている。その中でも内容がまとまっている記事は、『ニューヨーク・タイムズ』紙2020年12月10日付記事「バイデンの補佐役たちが関係するコンサルティング会社と投資会社は政権に倫理上の試練を与える（Biden Aides' Ties to Consulting and Investment Firms Pose Ethics Test）」（エリック・リプトン記者、ケネス・P・ヴォーゲル記者）と『ジ・アメリカン・プロスペクト』誌2020年7月6日付記事「バイデンの外交政策ティームはいかにしてリッチになったか（How Biden's Foreign-Policy Team Got Rich）」（ジョナサン・ガイヤー記者）である。この2本の記事の内容を使って、バイデン政権の最大の特徴について説明していきたい。

## キーパーソンは政権に入らなかったミッシェル・フロノイ元国防次官

これらの記事で中心人物として取り上げられているのが、ミッシェル・フロノイ Michèle Flournoy（1960年－　59歳）元国防次官だ。フロノイは先ほど挙げた❶から❸までの組織すべてに、創設者や役員という形で深く関わっている。

ミッシェル・フロノイと言えば、日本でも2016年の大統領選挙期間中に、「ヒラリー・クリントンが当選すれば、初の女性国防長官になるだろう」という報道がなされ、また、2020年の大統領選挙期間中も、バイデン政権で国防長官になる可能性があると報道された。例えば、2020年12月10日付の東京新聞は、「アメリカ初の女性国防長官ならず…『安全保障の壁』の厚さに失望の声も」という記事を掲載し、フロノイがバイデン政権で国防長官に起用されなかったことを中心テーマにして報じている。ミッシェル・フロノイについては、日本でもアメリカ政治に関心を持つ人たちは、名前を記憶して、その動向に注意を向けている。

私はバイデン政権の政権外のキーパーソン、最重要人物がこのフロノイだと睨《にら》んでいる。フロノイはビッグ・テックと政府をつなぐ役割をしており、バイデン政権になってその動きをさらに本格化させるだろう。フロノイが関連した3つの組織でフロノイの世話になった人物たちが今や政権の中枢におり、核となっているのだから、その人脈を活かせばトップダウンで物事がスムーズに決まる。人間は誰しもお金や就職、地位獲得で世話になった人に頭が上がらないものだ。バイデン政権の最高幹部たちに対して、フロノイは大きな影響力を持っていると言える。

ここで、フロノイの経歴について触れる。フロノイはアメリカのエリート街道をまっしぐらに進んできた人物だ。ミッシェル・フロノイは１９６０年生まれで、現在60歳だ。１９８３年にハーヴァード大学を卒業し、１９８６年にはオックスフォード大学ベリオール・カレッジで国際関係論の修士号を取得している。高校時代には1年間の交換留学でベルギーに留学しフランス語を習得した。その後は、ハーヴァード大学ケネディ記念公共政策大学院John F. Kennedy School of Government（ケネディ・スクール）をはじめ、複数の研究機関で国際安全保障分野の研究職を務めた。

ビル・クリントン政権で国防総省US. Department of Defense に入り、戦略担当の国防次官補代理 Deputy Assistant Secretary of Defense for Strategy を務めた。国防次官補代理は実務を担当するポストである。

フロノイは１９９７年に初めて実施された、「4年ごとの国防計画見直し Quadrennial《クアッドレニアル》 Defense《ディフェンス》 Review《レヴェー》（ＱＤＲ）」を実質的に主導したことで知られている。「4年ごとの国防計画見直し」は、アメリカの中期的な国防戦略や潜在的脅威に対する分析を含む報告書だ。日本にも影響があり、１９９７年9月には「日米防衛協力のための指針（日米新ガイドライン）」が策定され、在日米軍の行動範囲の拡大と日本の極東地域以外での活動への関与が決定された。フロノイは4年後の２００１年の「4年ごとの国防計画見直し」にも参加した。

フロノイは女性として、男性が多く、男性優位の安全保障分野の中で希少な存在となり、民主党の若きスターとなった。フロノイはクリントン政権時代を振り返り、「国防総省でランチを兼ねた打ち合わせをした際に出席した幹部職員8名の中で女性は私だけだった」と述懐している。その後は、アメリカ国防大学やCSIS（戦略国際問題研究所）で、研究職に戻った。

2009年に発足したバラク・オバマ政権でフロノイは政策担当国防次官に抜擢された。政策担当国防次官は国務省内の序列第3位のポジションで、国防政策の実務を統括し、国防長官を補佐する。2012年に国防次官を辞任し、民間に戻った。その後は、国防長官が交代する度に、後任の長官候補として名前が挙がってきたが、就任には至っていない。2016年の米大統領選挙期間中、ヒラリー・クリントンが当選すれば、女性初の大統領の下、女性初の国防長官に選ばれるのは確実だと言われていた。

フロノイは国防次官辞任後、ボストン・コンサルティング・グループ社 Boston Consulting Group の上級顧問に就任した。フロノイの顧問就任後、ボストン・コンサルティングは国防総省や防衛産業との関係を深め、契約額が2013年には160万ドルであったものが、2016年には3200万ドルに急増した。フロノイは国防政策に関する知識と政府・民間を問わず国防部門に関する幅広い人脈を誇り、それを自身の力に変えている。

これから、フロノイが絡む3つの組織について簡単に説明していく。

❶「新アメリカ安全保障センター Center for a New American Security（ＣＮＡＳ）」は、安全保障専門のシンクタンクで２００７年に創設された。バイデン政権で、国家安全保障会議のインド太平洋調整官 Indo-Pacific Coordinator を務めるカート・キャンベル Kurt M. Campbell（１９５７年ー 63歳）とミッシェル・フロノイが共同創設者である。ＣＮＡＳへは、安全保障が専門ということもあり、防衛産業を中心とした大企業が寄付を行っている。ロッキード・マーティン社、エクソンモービル社、レイセオン社（防衛産業）、ＢＡＥシステムズ社（防衛産業）、ボーイング社（防衛産業）、グーグル社といった世界的大企業が寄付者に名前を連ねている。

共同創設者のキャンベルはオバマ政権下の２００９年から２０１３年にかけて、東アジア・太平洋担当国務次官補を務めた。キャンベルはバイデン政権内の「インド太平洋の皇帝《ツァー》 Indo-Pacific Tsar 」と呼ばれている。ツァーとは、ロシア語で「皇帝（ツァーリ）」を意味するが、ここでは「一手に引き受ける人物、牛耳る人物」ということになる。キャンベルはバイデン政権のインド・太平洋政策の担当責任者である。

アメリカのシンクタンクはだいたい民主党系や共和党系の色分けがなされる。ＣＮＡＳは民主党系と共和党系両方の人材が集まっている。より詳しく言えば、「海外にどんどん出ていくべきだ、外国に介入すべきだ」と考える人物たちが党派を超えて集まっている。バイデン政権関連では、カート・キャンベル国家安全保障会議インド・太平洋調整官（ＣＮＡＳ共同創設者）、ヴィクトリア・ヌーランド政治担当国務次官補（ＣＮＡＳ最高経営責任者）、イーライ・ラトナー Ely Ratner（１９７７年－　43歳）国防長官特別補佐官（ＣＮＡＳ上級副所長・研究部長）、コリン・カール Colin Kahl（１９７１年－　49歳）政策担当国防次官（ＣＮＡＳ中東地域担当研究員）が、新アメリカ安全保障センターの出身者である。

❷ウエストエグゼク・アドヴァイザーズ社は、オバマ政権終了後の２０１７年に、オバマ政権で、サマンサ・パワー米国連大使の首席補佐官を務めたセルジオ・アギーレと、アシュトン・カーター国防長官の特別補佐官を務めたナイティン・チャダが政府での経験を活かして、コンサルティング業務を行おうとして始めた会社だ。しかし、彼らの名前だけでは顧客が集まらないと考え、オバマ政権で国防次官を務めたミッシェル・フロノイと、国家安全保障問題担当大統領次席補佐官と国務副長官を務めたアントニー・ブリンケンに依頼して、共同設立者になってもらった。ウエストエグゼク・アドヴァイザーズ社は、ホワイトハウスの西側にあるウエストウイング（西棟）に面した通りの名前であるウエスト・エグゼクティヴ通りから名付けられた。

バイデン政権の顔ぶれが決まっていく中で、重要閣僚がウエスト社と関係が深いということが報道され注目を集めた。ウエスト社のウェブサイトを見ても、何をしている企業なのかはっきり分からず、また、顧客などについての情報公開を拒否していたので、「秘密主義 secretive 」と批判された。その後、バイデン政権に入る人々が、ウエスト社の顧客となっている企業名を公表した。

顧客となっている企業は以下の通りだ。ジグソウ社（グーグル社傘下）、シュミット・フューチャーズ社（エリック・シュミット元アルファベット社会長、元グーグル社CEOの投資会社）、シールドAI社（防衛産業、ドローン技術）、ウィンドワード社（イスラエルの海洋データ分析企業）、ブラックストーン社（投資ファンド、CEOスティーブン・シュワルツマン）、バンク・オブ・アメリカ社、フェイスブック社、ウーバー社、マッキンゼー社、ソフトバンク社（日本）、ギリアド社（製薬）、ライザード社（投資銀行）、AT&T社、ロイヤル・バンク・オブ・カナダ社、リンクトイン社、サザビーズ社、パランティア・テクノロジー社（ビッグデータ分析）だ。

バイデン政権関連では、アントニー・ブリンケン国務長官（ウエスト社共同創設者）、アヴリル・ヘインズ国家情報長官（ウエスト社部長）、ジェン・サキ Jen Psaki（1978年－ 42歳）ホワイトハウス報道官（ウエスト社部長）、リサ・モナコ Lisa Monaco（1968年－

53歳）司法副長官（ウエスト社部長）が出身者である。

❸パイン・アイランド・キャピタル・パートナーズ社は2018年に創設されたばかりの新しい投資会社だ。創設者で現在も会長の職にあるのは、ジョン・セイン John Thain（1955年－　65歳）だ。セインは1977年にマサチューセッツ工科大学（MIT）を卒業し、1979年にハーヴァード大学ビジネススクールで経営学修士号（MBA）を取得した。その後、ゴールドマン・サックスに入社し、欧州部門の責任者を務めた後、1999年に社長に就任した。2004年からはニューヨーク証券取引所最高経営責任者（CEO）、2007年からはメリルリンチ会長兼CEO、2010年から2016年まで金融大手CITグループの会長兼CEOを務めた。

セインはメリルリンチがサブプライムショックで巨額の損失を出し、バンク・オブ・アメリカに吸収合併される際の、最後の会長であった。セインがバンク・オブ・アメリカから離れる際に多額の退職金を受け取ったことに対して多くの批判が寄せられた。パイン・アイランド・キャピタル・パートナーズ社の注目すべき点は、役員にトム・ダシュル Thomas Andrew Daschle（1947年－　73歳）元連邦上院議員・元連邦上院院内総務（民主党）とリチャード・ゲッパート Richard Gephardt（1941年－　80歳）元連邦下院議員・元連邦下院院内総務（民主党）、ミッシェル・フロノイなど民主党系の大物政治家たちが名前を連ねている点だ。

パイン社は、インヴェリス・トレイニング・ソリューションズ社 InVeris Training Solutions とプレシンマック・プレシジョン・マシーニング社 Precinmac Precision Machining を傘下に収めている。インヴェリス社は軍隊、警察、警備会社向けのシミュレーション訓練用のプログラムを提供する会社であり、プレシンマック社は宇宙、防衛、半導体製造関連企業である。

バイデン政権では、ブリンケン国務長官（パイン社役員）、ロイド・オースティン国防長官（パイン社役員）が出身者である。

この3つの組織の中で、❷ウエストエグゼク・アドヴァイザーズ社と❸パイン・アイランド・キャピタル・パートナーズは、お互いを「戦略的パートナー」と位置づけ、深く結びついている。また、繰り返しになるが、この❶から❸までのすべての組織に深くかかわっているのが、ミッシェル・フロノイである。そのため、これら3つの組織は、国防産業と関係が深い。また、注目すべき点は、ビッグ・テックとの関係を深め、ビッグ・テックと、アメリカ政府やアメリカ軍との契約の橋渡しを行っている。

### 「AI技術利用」で中国に負けるな、そのために官民を挙げて総動員だ、という報告書を出したグーグル元CEOエリック・シュミット

前述したロバート・ワークと共に、ビッグ・テックの最先端の人材を軍事部門に登用しようとしているのが、グーグル社で最高経営責任者（CEO）を務めたエリック・シュミットEric Schmidt（1955年－　65歳）だ。2018年に連邦政府によって任命された委員によって構成されている「人工知能に関する国家安全保障委員会National Security Commission on Artificial Intelligence（NSCAI）」の委員長を務めているのがシュミットだ。副委員長はロバート・ワークだ。委員にはオラクル社最高経営責任者サフラ・カッツ、アマゾン社次期CEOアンドリュー・ジャシー、マイクロソフト社最高科学責任者Chief Scientific Officer（CSO）エリック・ホーヴィッツ、グーグル社AIクラウド部門責任者アンドリュー・ムーア、オバマ政権で国防次官補を務めたカタリナ・マクファーランドなどが名前を連ねている。

エリック・シュミットについて簡単に経歴を紹介すると、1976年にプリンストン大学で電気工学の学士号を取得後、カリフォルニア大学バークレー校で電気工学の修士号と計算

機科学の博士号を取得した。ベル研究所やサン・マイクロシステムズなどで技術開発に関わった。

１９９７年から２００１年までノヴェル社のＣＥＯを務め、２００１年にグーグル社会長に就任、同年にはグーグル社ＣＥＯに就任した。２０１１年にはグーグル社会長となり、２０１５年にはグーグル社の持株会社アルファベット社の会長となった。２００６年から２００９年までアップル社社外取締役も務めた。現在はグーグル社取締役となっている。個人資産は約２１０億ドル（約2兆２０００億円）を誇る大富豪だ。

エリック・シュミットが２０１７年に設立したシュミット・フューチャーズ社 Schmidt Futures は「公益のためのヴェンチャー企業 a venture facility for public benefit 」を標榜している企業だ。シュミット・フューチャーズ社はウエストエグゼク社の顧客となっている。

人工知能に関する国家安全保障委員会副委員長を務めるロバート・ワーク Robert Work（１９５３年－　68歳）は元軍人だ。１９７４年にイリノイ大学で生物学学士号を取得後、アメリカ海兵隊に士官として入隊した。２００１年に大佐で退役するまで27年間在籍した。その間に南カリフォルニア大学、海軍兵学校大学院、ジョンズホプキンズ大学でシステム管理、宇宙システム・オペレイション、国際政策でそれぞれ修士号を取得している。日本の富士山

# ＡＩ技術によってＳＦで描かれていた世界が現実化する

「人工知能に関する国家安全保障委員会」委員長エリック・シュミットが、ビッグ・テックの最先端の人材を軍事部門に登用しようとしている張本人だ

委員長 エリック・シュミット

副委員長 ロバート・ワーク

麓にある米海兵隊訓練施設キャンプ・フジの基地司令官を務めた経験もある。経歴から技術系の将校だったことが分かる。

２００９年から２０１３年（オバマ政権第1期）では海軍次官、２０１４年から２０１７年（オバマ政権第2期）では国防副長官を務めた。その間の２０１３年から２０１４年まで新アメリカ安全保障センター（ＣＮＡＳ）の最高経営責任者（ＣＥＯ）を務めた。現在はウエストエグゼク・アドヴァイザース社部長、レイセオン社役員を務めている。海軍次官と国防副長官時代、アメリカ軍の近代化と効率化を進めた人物だ。

エリック・シュミットとロバート・ワークが主導する人工知能に関する国家安全保障委員会はウエストエグゼク社案件そのものである。ウエストエグゼク社のウエブサイトには、自社の部長であるロバート・ワークが関わっている事業の紹介という形で、エリック・シュミットと人工知能に関する国家安全保障会議の動きが複数回にわたって紹介されている。また、エリック・シュミットが作成した「A Playbook for the Department of Defense: Recruiting and Hiring Tech Talent（国防総省のための作戦書 ―― ハイテク人材の勧誘と雇用）」という、国防総省の高官や人事担当者向けの手引書の紹介ページにも行けるようにしてある。

２０２１年3月1日、人工知能に関する国家安全保障委員会は７５６ページにも及ぶ長大な最終報告書をホワイトハウスと連邦議会に提出した。インターネット上でも公開されている。報告書には「ＡＩシステムは力の獲得のために使用されることになるだろう。また、ＡＩは少数の超大国だけのものではなく、また、ＳＦの領域に留まるものではなくなるだろう」という言葉が掲載されている。ＡＩ技術はアメリカや中国以外にも拡散して使われるようになり、ＡＩ技術によってＳＦで描かれていたようなことが現実化することになる。だから、アメリカはＡＩ技術の優位性を保つために、資金と人材を投入しなければならないと続く。

この長大な報告書の要旨は、「人工知能技術でアメリカは中国に負けてしまう。人工知能技術は国家安全保障の死命を制する。従って連邦政府と民間部門が一丸となって人工知能技術開発に人材と資金を投じなければならない」というものだ。この報告書は、軍官民（アメリカ軍・アメリカ政府・民間部門）が一致協力して、ＡＩ開発で中国に負けないための新・軍産複合体作りの設計図ということになる。

最終報告書に掲載されている、ホワイトハウスと連邦議会への提言内容をかいつまんで述べると次のようになる。「非軍事利用のＡＩ研究開発費に連邦政府は２０２２年に20億ドル（約２２００億円）を支出しているが、これから毎年２倍ずつ増額し、２０２６年に３２０億ドル（約３兆５０００億円）に増やす」、「デジタル部隊 Digital Corps とデジタルサーヴィス学校 Digital Service Academy の創設」、「情報・諜報機関は２０３０年までに多くの業務を自動化する」、「ＡＩ人材を惹きつけるためにグリーンカード（永住権）の枠の増設、一流大学のＡＩ専攻の博士課程の留学生たちにグリーンカードを与える」、「国防総省の管理システムを刷新する」といった内容である。

ちなみに、バイデン政権で国家情報長官 Director of National Intelligence（ＮＤＩ）を務めるアヴリル・ヘインズはシカゴ大学で理論物理学を専攻し学士号を取得し、その後、中退することになったが、ジョンズホプキンズ大学大学院にも進学している。日本の分類で言えば「理系」人材ということになる。ヘインズについては本書78ページから詳しく紹介する。

報告書では、ＡＩに精通した人材を「integrate《インテグレイト》」すると書かれている。「integrate」は動詞で、名詞は「integration《インテグレイション》」となる。意味は「合体する、融合する」というもので、別の使い方としては、ニュースなどで、引きこもりの人の社会参加が報じられる際にもこの言葉が使われる。この最終報告書の文脈で「integrate」が意味するのは、露骨に言えば、ＡＩ人材を「動員 mobilization《モーバライゼイション》」するということだ。１９３８年に日本で成立した「国家総動員法」の英訳は「National Mobilization Law」となる。ＡＩ人材とＡＩ技術、資金を国家安全保障のために、中国との競争との勝利のために、「動員」するということを意味している。アメリカはサイバー戦争の戦争準備を進めている。

## ウエストエグゼク・アドヴァイザーズを通じて新・軍産複合体づくり

ウエストエグゼク・アドヴァイザーズは前述した通り、２０１７年に、ミッシェル・フロノイとアントニー・ブリンケンが創設した。コンサルティング会社であり、自分たちは顧客にとって「戦略《ストラテジック》パートナー」であると自称している。

『ジ・インターセプト』誌２０１８年7月22日付「オバマ政権の高官だった人物たちはシリコンヴァレーが魅力的な国防総省との契約を結ぶことを手助けしている（Former Obama Officials Help Silicon Valley Pitch The Pentagon For Lucrative Defense Contracts）」（リー・ファン記者）という極めて重要な記事がある。この記事の内容は次のようなものだ。

２０１８年にグーグル社は、「国防総省と、ドローンを使った戦争 drone warfare のために最新の人工知能技術 cutting-edge artificial intelligence technology を提供する契約を結んでいるが、その契約を２０１９年の期限で終了させ、契約延長はしない」と発表した。国防総省はドローン戦争技術開発計画「プロジェクト・マーヴェン Project maven 」を推進し、そのためにグーグル社から人工知能技術を提供させていた。

グーグル社の内部で国防総省に人工知能技術を提供する契約に対して、社員の一部から激しい反対、内部反乱 internal uprising が起きた。この契約の橋渡しをしたのが、ウエストエグゼク・アドヴァイザーズである。より具体的に言えば、オバマ政権下の国防総省で「プロジェクト・マーヴェン」を始めたのは、前述した国防副長官のロバート・ワーク Robert Work（1953年－　68歳）だった。ロバート・ワークはウエストエグゼク・アドヴァイザーズの部長を務めている。これはべたべたの癒着そのものである。

記事の中で、ミッシェル・フロノイはインタヴューに答え、「最近になって政府を辞めたばかりの人々、ほとんどは副長官や次官クラスですが、最新の知識、経験、官僚たちとの連絡、ネットワークを持っています」「ウエストエグゼク・アドヴァイザーズは、ペンタゴン（国防総省）とシリコンヴァレーの間にある溝を埋める手助けをしているのです」と述べた。やっていることは「民間から政府の政策に大きな影響を与えるブローカー活動であり、ロビー活動ではないか」ということに対して、ウエストエグゼク・アドヴァイザーズは自分たちを「戦略パートナー」と呼んでいる。しかし、その実態はブローカー活動であり、ロビー活動そのものである。

バラク・オバマは2008年の大統領選挙で、政策立案や決定において、ロビイストたちを排除するという公約を掲げた。ジョー・バイデンは「ロビイストたちは悪い人たちではない。特別利益団体 special interest groups は悪い人たちではない。しかし、これらの人々は腐敗する」と発言した。しかし、バイデンの息子ハンターは父親が連邦上院議員を務めていた期間、ワシントンでロビイストとして活動していた。呆《あき》れ果てるほどの厚顔無恥だ。

「政府と民間との間を行き来する」「回転ドア revolving door で出入りする」人々の存在こそが、これまでさんざん批判されてきた軍産複合体の特徴だ。アメリカの社会学者チャールズ・ライト・ミルズ Charles Wright Mills（１９１６－１９６２年　45歳で没）は、「重大な結果をともなうような決定を下しうる地位を占める」権力者層を「パワー・エリート Power Elite 」と呼んだ。これまで取り上げた人物たちは、「パワー・エリート」そのものだ。これまで軍産複合体というのは、国防総省と防衛産業とのつながりを意味していた。しかし、最近はそこに、ビッグ・テックも入るようになっている。グーグル社やアマゾン社はドローンや人工知能技術、顔認証技術を国防総省に提供している。ビッグ・テックと国防総省のつながりこそが、「新・軍産複合体」であり、それを構築したのがミッシェル・フロノイと周辺人物たちである。そして、これらの人物たちはことごとく、ヒラリー系である。ヒラリー系の人物たちは、「国家安全保障のために最新技術を利用する」ということで、ビッグ・テックとアメリカ政府・アメリカ軍のつながりを強化している。こうした動きについて、

「シャドウ・ロビイング shadow lobbying」という批判も出ている。

## ⬟カート・キャンベル起用は「中国封じ込め」の「クアッド」戦略のため

ミッシェル・フロノイと一緒に新アメリカ安全保障センターを創設したカート・キャンベル（写真は50ページ）は、バイデン政権で国家安全保障会議インド太平洋調整官に起用された。キャンベルの起用は「中国封じ込め」のための「クアッド Quad」戦略を進めるためだ。アメリカの「クアッド」戦略に組み込まれている日本は、中国との対決の最前線に立たされることになる。クアッドとは、「日米豪印戦略対話」、英語で言えば「Quadrilateral Security Dialogue」の略である。「quadrilateral」は「四辺形」という意味である。

現在アメリカが推進する中国封じ込めのため「クアッド」戦略を進めたのが、バイデン政権で国家安全保障会議インド・太平洋調整官を務めるカート・キャンベルだ。キャンベルは、カリフォルニア大学サンディエゴ校で学士号を取得し、その後アルメニアのエレバン国立大学に留学した。最終的にはオックスフォード大学大学院で国際関係論の博士号を取得した。その後は、ハーヴァード大学で教鞭を執《と》っていた。

ビル・クリントン政権では、アジア・太平洋担当国防副次官補を務めた。また、オバマ政権1期目では、東アジア・太平洋担当国務次官補を務めた。この時期、複数回来日し、その姿が日本でも報道された。

キャンベルは2008年に「勢力均衡の力 ―― iアジアにおけるアメリカ（The Power of Balance: America in iAsia）」という報告書を創設したばかりのCNASから発表した。ちなみに、共著者のヴィクラム・シン Vikram Singh はウエストエグゼク・アドヴァイザーズ社の上級顧問を務めている。

中国とインドが台頭し、アジア地域全体で経済成長が続く中、アメリカはアジアにおける存在感を再び増大させねばならない。そのために大きく変化し成長しているアジア（これをキャンベルたちはiアジアと呼んでいる）に対して、アメリカは新しい戦略を立てねばならない。それが「勢力均衡の力 power of balance」である。これはアメリカがすでに持つ2国間同盟関係（日米、豪米など）を強化しながら、多極的な枠組み multilateral forms を作るというものだ。

この2国関係の強化と多極的な枠組み作りが「クアッド」戦略となった。印米、豪米、日米の2国間関係を強化し、その4つの国々で対中国のための枠組みを作るということだ。

バイデン政権で対中政策の実務を担当するのは、イーライ・ラトナー（写真は50ページ）だ。ラトナーは、アジア地域の安全保障を専門としている。ラトナーはバイデン政権で、国防長官特別補佐官に就任した。バイデン政権のオースティン国防長官はインド太平洋地域に関する経験が少ないということもあり、その補佐役として、ラトナーが起用された。

ラトナーはプリンストン大学で学士号、カリフォルニア大学バークレー校で政治学博士号を取得した。その後は、連邦上院外交委員会スタッフ、ランド研究所政治アナリスト、国務省中国部勤務、新アメリカ安全保障センター（ＣＮＡＳ）上級研究員を歴任した。そして、オバマ政権２期目後半の２０１５年から２０１７年までジョー・バイデン副大統領の国家安全保障問題担当副大統領次席補佐官を務めた。この時の上司となる副大統領補佐官は、今回のバイデン政権の政策担当国防次官コリン・カールだ。オバマ政権終了後は２０１８年から２０２１年まで新アメリカ安全保障センター副所長を務めた。

アメリカのメディアでは、イーライ・ラトナーとカート・キャンベルを対中政策の実務を担当するコンビとして扱っている。ラトナーは、前述の通り、キャンベルとフロノイが創設した新アメリカ安全保障センターの副所長を務め、また、フロノイが創設したウェストエグゼク・アドヴァイザーズに顧問として勤務していた。フロノイとの関係も深い。ラトナーは、バイデン政権の強硬な対中政策を担う重要人物だ。

カート・キャンベルとイーライ・ラトナーは、権威ある外交政策・安全保障専門誌『フォーリン・アフェアーズ *Foreign Affairs*』2018年3・4月号に「対中幻想に決別した新アプローチを ―― 中国の変化に期待するのは止めよ（The China Reckoning: How Beijing Defied American Expectation）」という論文を発表した。その内容は「中国のさまざまな現実はアメリカの期待を裏切るものだ」というものだ。アメリカはこれまで中国が変化することに期待して、さまざまな援助を行ったが、結局中国は変化せず、アメリカの期待は裏切られた。アメリカはより現実的な視点に立ち、自国の力と行動、さらには同盟諸国の力と行動に注目すべきだ、とキャンベルとラトナーは述べている。

アメリカは、中国に対して援助を行って中国を変化させようとしたが、中国は変わらず、かえって手ごわい競争相手となってしまった。そこで、そのような期待感に基づいた政策ではなく、より現実的に競争相手として認識して対応すべきだという強硬姿勢を訴えている。現在のバイデン政権の対中強硬姿勢はこれに基づいている。

## 中国の「真珠の首飾り」戦略はインドを包囲する

中国は、東シナ海から東南アジア、インド洋を経てアフリカ沿岸部まで到達する広大な海域にいくつもの拠点を設ける戦略を取っている。その目的は、中国の海上輸送航路（シーレーン）の安全を確保することである。これを「真珠の首飾り String of Pearls 」戦略と呼んでいる。その一環として、タイ国内のマレー半島で最もくびれている地峡に運河を開削《かいさく》する「タイ運河 Thai Canal 」計画もある。

地図を見てもらえばわかるが、このタイ運河によって、現在、インド洋と太平洋をつなぐ海上交通の要衝《ようしょう》となっているマラッカ海峡を通らず、より短い距離で中国に到達する航路が完成する。この「真珠の首飾り」戦略は、中国とヨーロッパをつなぐ「一帯一路 One Belt, One Road 」計画の一部である。

中国は、カンボジア南部のコンポンソム湾（タイランド湾）に面しているシアヌークヴィルとミャンマー西部にある港湾都市チャウピューの整備を進めている。これらを拠点にしようとしている。また、中国は、アフリカ東部「アフリカの角 Horn of Africa 」にあり、アデン湾と紅海をつなぐチョークポイントにあるジブチに海軍基地を建設している。

この中国製の「真珠の首飾り」を首にかけられ、首を絞め上げられる形になっているのが、インドである。陸上ではユーラシア大陸で一帯一路計画と中国が主導する上海協力機構Shanghai Cooperation Organization（ＳＣＯ）によって、海上では太平洋からインド洋にかけての「真珠の首飾り」戦略で、中国はインドを包囲している。インドは、対抗措置として、ベンガル湾にあるアンダマン諸島の軍事基地化を進めている。

アメリカは、自国に近い東太平洋地域（ハワイから東側）には第３艦隊、西太平洋とインド洋には第７艦隊、アラビア海とペルシア湾には第５艦隊を展開させている。中国は西太平洋とインド洋に勢力を拡大させようとしているので、アメリカと衝突することになる。そこで、繰り返しになるが、アメリカとしては、表向きは「民主政治体制で共通し、自由や人権の擁護など価値観を共有しているインド、オーストラリア、日本と連携を図る」という名目で、実際には「もう自分たちアメリカだけでは中国を止められないので、日本とオーストラリアとインドを動員する」ということである。

# ----21世紀海上シルクロード(一路)

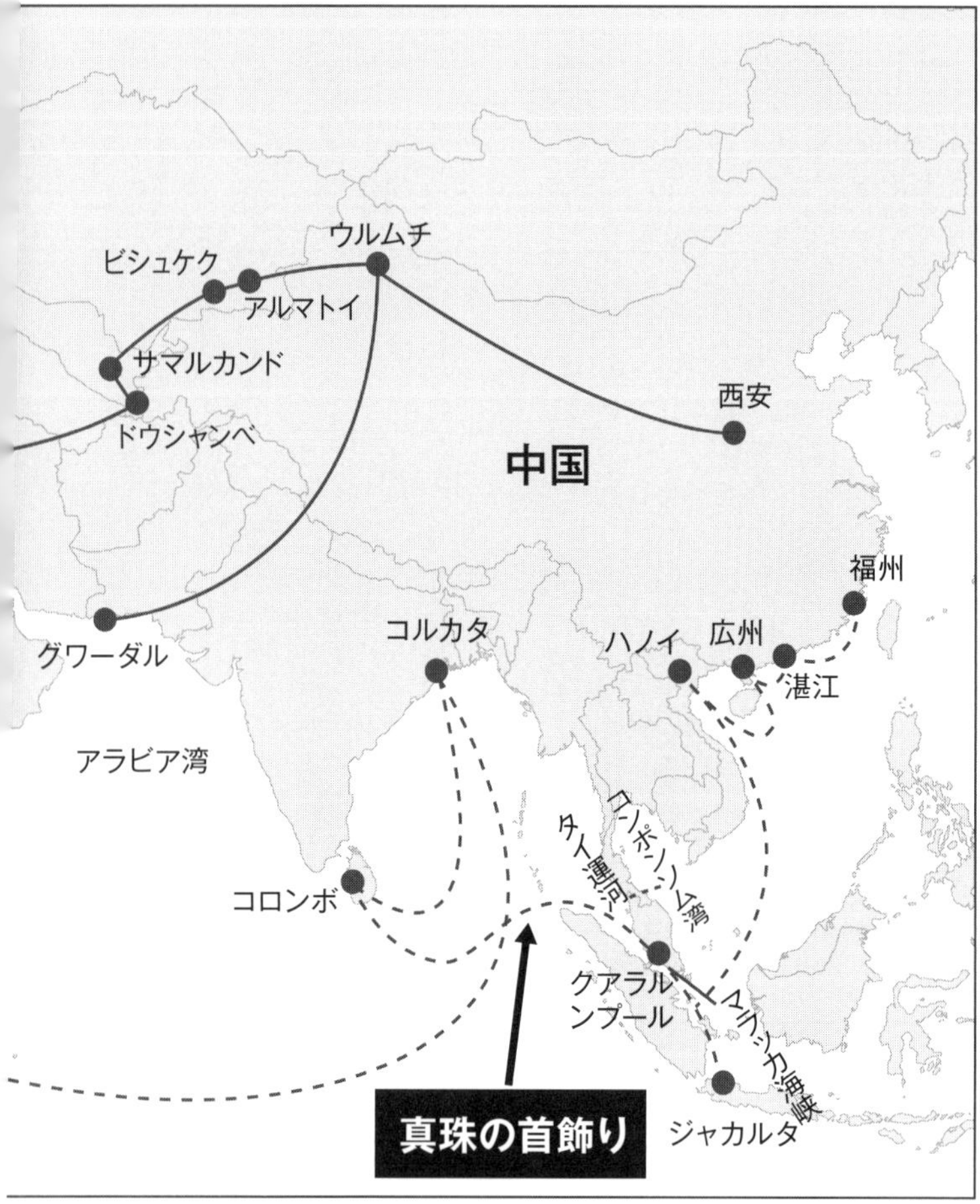


# 一路」計画

## ―シルクロード経済ベルト（一帯）

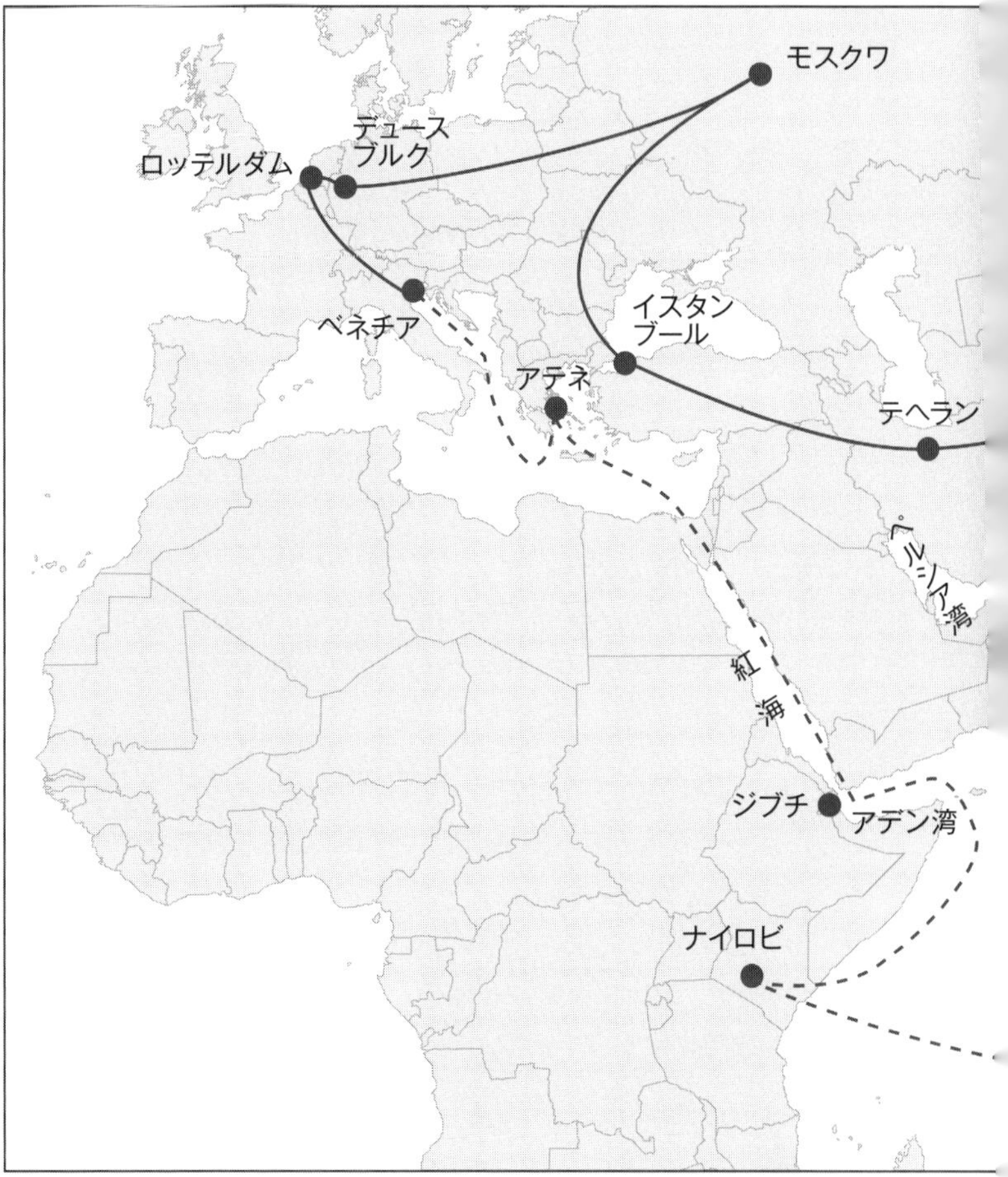


# 「一帯

## 「スパイマスター」アヴリル・ヘインズもウエストエグゼク・アドヴァイザーズ社出身

バイデン政権で情報・諜報部門を統括するのが、国家情報長官Director of National Intelligenceに就任したアヴリル・ヘインズAvril Haines（１９６９年－ 51歳）だ。国家情報長官という聞き慣れない役職は、アメリカ政府内のＣＩＡやＦＢＩなど、14の情報・諜報機関を統括する役職である。省庁間の垣根を越えて、情報・諜報分野の一元的管理のために設置された。国家情報長官については、「スパイの親玉spymaster」というあだ名がつけられている。

アヴリル・ヘインズについては、高校卒業後に日本柔道の総本山である講道館に1年間留学した経験を持つ変わり種、ということで日本のメディアでも報じられた。ヘインズは、１９８８年にシカゴ大学に入学し理論物理学を専攻した。１９９２年にはジョンズ・ホプキンズ大学大学院に進学し、引き続き物理学を専攻したが、年末には大学院を退学した。その後は、メリーランド州ボルティモア市でバーや小さな個人書店を経営した。その後、１９９８年にジョージタウン大学法科大学院に入って弁護士資格を取得した。

２００７年から２００８年にかけて連邦上院外交委員会（当時の委員長はバイデン）の下で、民主党側の次席スタッフを務めた。２００８年から２０１０年まで国務省の次席法律顧問を務め、２０１０年からはホワイトハウスに入り、大統領上級顧問を務めた。２０１３年から２０１５年まで女性初のＣＩＡ副長官を務め、２０１５年から２０１７年にかけては、国家安全保障問題担当大統領次席補佐官を務めた。前任者は、バイデン政権の国務長官アントニー・ブリンケンだった。

ヘインズは２０１５年に起きたＣＩＡによる連邦上院スタッフのコンピュータのハッキングについて、ＣＩＡの職員を守り、処分をしなかったことで、厳しい批判を浴びた。２０１4年12月、米上院情報特別委員会は、ＣＩＡがアルカイダのメンバーの疑いがある容疑者に対して、違法で非人道的な拷問を行っていたことを明らかにする報告書を公表した。この報告書作成に関わった連邦上院スタッフのコンピュータをＣＩＡ職員がハッキングしたことが２０１５年に明らかになった。これに対して、当時ＣＩＡ副長官だったヘインズは職員の処分を行わなかった。これに対して厳しい批判も出たが、ＣＩＡ内部ではヘインズを評価する声が上がった。

ヘインズはオバマ政権時代、ＣＩＡによるドローンを使った対象者（テロ活動に関わったとされる容疑者）の殺害に深く関与した。「テロリストの容疑者は逮捕して裁判にかけて刑を確定させるべきだ」「容疑者には裁判を受ける権利があり、ＣＩＡのやり方はそれを侵害している人権侵害だ」という批判もあったが、ヘインズは押し通した。ドローンによる殺害に関しては、「直接的な行動は合法的に行われるべきで、法律に則って選定された対象者に対して実行されるべきだ」というドローン攻撃に関するガイドラインをヘインズは策定したが、そもそも戦争も起きていない場所で、暗殺のような形で容疑者を殺害することが合法なのかという疑問が出ている。

ドローン攻撃技術の進歩によって、武力行使におけるＣＩＡと米軍の間での差がなくなり、両方が共に自分たちの権限（縄張り）を巡って対立するということが起きている。ドローン技術の発達によって、大規模な軍事作戦を行わなくても、テロリスト掃討作戦がより少人数、より安全に実行されるようになった。

アヴリル・ヘインズは、ミッシェル・フロノイとアントニー・ブリンケンが設立した、ウエストエグゼク・アドヴァイザーズ社で部長級の幹部として働いていた。公職に就くにあたり、ヘインズとウエスト社が公開した情報では、彼女の顧客の中に、２００３年にピーター・ティール Peter Thiel（１９６７年－　53歳）が設立したパランティア・テクノロジーズ社 Palantir Technologies があった。ヘインズはパランティア・テクノロジーズ社のコンサルタントを務めていた。パランティア社はビッグデータ分析企業である。パランティア社の技術は、アメリカ政府の各情報・諜報機関と国防総省の対テロ対策に使用されている。ヘインズは、パランティア社と国防総省との間の高度技術の提供契約の成立にも関与している。

アメリカの情報・諜報部門へ、ビッグデータ分析企業やビッグ・テックと呼ばれる超巨大情報関連企業から最新の技術が提供されている。その間をつないでいるのが、ヒラリー系の人物たちということになる。ヘインズもその一人ということになる。ヘインズは、この最新の技術を使って、非合法的な作戦も辞さない、肝が据《す》わった人物であり、この点で凶暴かつ危険な人物である。

バイデン政権で中央情報局 Central Intelligence Agency（ＣＩＡ）長官を務めるのが、ウィリアム・バーンズ William J. Burns（１９５６年－　64歳）だ。バーンズはヘインズとコンビを組んでバイデン政権の対外諜報を担う。特に中国とロシアに対する対外諜報活動を強化することになるだろう。

バーンズは１９７８年にペンシルヴァニア州フィラデルフィアにあるラ・サール大学で歴史学の学士号を取得した。卒業後、マーシャル奨学生として、オックスフォード大学に留学し、国際関係論で修士号を取得した。ローズ奨学生ほど有名ではないが、このマーシャル奨学生に選ばれるのもまたアメリカのエリート街道の入口となっている。

バーンズは、1982年に国務省に入省し、職業外交官としての道を歩み始めた。専門は中東とロシアであった。2001年からのジョージ・W・ブッシュ政権（2001年から2009年まで）と続くオバマ政権（2009年から2017年まで）において、国務省内の重要ポストを歴任している。2001年から2005年まで近東担当国務次官補、2005年から2008年まで駐ロシア米国大使、2008年から2011年まで政治担当国務次官、2011年から2014年まで、ヒラリー・クリントンの下で国務副長官を務めた。国務副長官に国務省生え抜きの職業外交官が昇格することは極めて稀なことである。また、CIA長官に職業外交官出身者が就任することは初めてのことだ。

バーンズはロシア語、アラビア語、フランス語に堪能であり、長く外交交渉の第一線で活躍してきた。バーンズは2013年にジェイク・サリヴァンと共に、イラン政府の担当者と交渉を行い、イランとの核開発をめぐる合意の締結に貢献した。今回、畑違いの情報・諜報分野への起用ということになるが、CIA内部では、これまでバーンズとは長く一緒に仕事をしてきており、お互いをよく分かっているということで歓迎ムードだ。

CIAに関しては、ドローンや拷問の問題もあり、その責任の範囲や業務が狭められつつあったが、今回のバーンズの起用は、国家安全保障政策や外交政策の分野で、ＣＩＡの機能を再び拡大させる狙いがあり、その目標はロシアと中東だ。アヴリル・ヘインズ国家情報長官とバーンズＣＩＡ長官で対ロシア、対中国の諜報・情報活動を活発化させることになる。

## 新・軍産複合体を形成し戦争体制に向かうバイデン政権

バイデン政権には、ビル・クリントン政権やバラク・オバマ政権で働いていたエリートたちが大挙して参加している。ここまで紹介したように、前の政権で、実務を担当し、経験を積んだ人間たちが、今度は外交政策全体を指揮する立場になっている。

その中でも重要なポジションを占めているのは、ヒラリー・クリントンに近い人物たちだ。そして、それらを統括する存在であるのがミッシェル・フロノイであることをこれまで説明してきた。

バイデン政権の特徴は、ビッグ・テックと呼ばれる情報産業の超巨大企業がアメリカ政府やアメリカ軍との関係を深めることを推進してきた人々が多く入っているということだ。これは、「ＡＩ技術やドローン技術など最新技術を国防に、国家安全保障に利用するが、それをバイデン政権ではさらに推進する」ということを意味する。

バイデン政権では新技術を使っての「新しい戦争」の形、サイバー戦争が推進されていく。その戦争の相手となるのは中国とロシアである。さらに言えば、バイデン政権は中国とロシアとの衝突、戦争に備えての国内体制作りも進めようとしている。第2章では、バイデン政権のもう一つの側面である「第3次オバマ政権」とも言うべき人物たちに焦点を当てる。

## 第2章

# ヒラリーとは距離がある「第3次オバマ政権」の人々は「リセット」を目指す

2021年1月20日、第46代アメリカ大統領就任式でのジョー・バイデンとバラク・オバマ［写真提供：AFP＝時事］

## 「第3次オバマ政権」の色合いもあるバイデン政権

今回のジョー・バイデン政権は「4年越しのヒラリー政権」であるが、中にはヒラリー色がない、もしくは薄い人物たちも入っている。このヒラリー系ではない人物たちはバラク・オバマ政権で重要閣僚として働いた。それが今回のバイデン政権では肩書きとしては低い地位に就いている。しかし、実質的にはバイデン政権が重要政策課題と位置づける政策、具体的には新型コロナウイルス感染拡大対策と気候変動問題対策を担当している。今回のバイデン政権は「第3次オバマ政権」の色合いもある。

そのオバマ系とも言うべき人物たちとは、バイデン政権で気候変動問題担当大統領特使U.S. Special Presidential Envoy for Climate に就任したジョン・ケリー John Kerry（1943年－　77歳）、国内政策委員会委員長 Director of United States Domestic Policy Council となったスーザン・ライス Susan Rice（1964年－　56歳）、米国国際開発庁長官 Administrator of United States Agency for International Development に起用されたサマンサ・パワー Samantha Power（1970年－　50歳）である。

# バイデン政権でのオバマ人脈

「格下げ」人事を受け入れたこの３人が米国内で「グレイト・リセット」を推進する

ジョン・ケリー
気候変動問題担当大統領特使

スーザン・ライス
国内政策委員会委員長

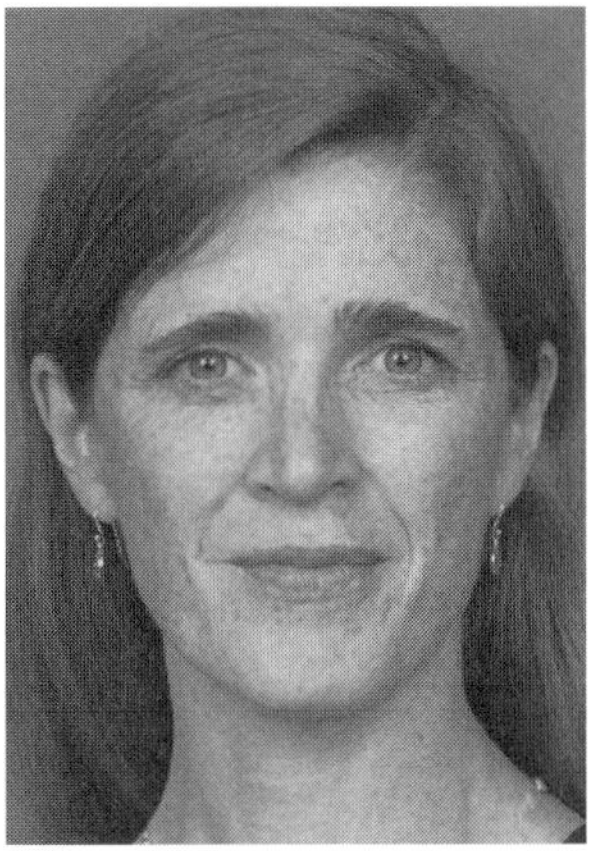

サマンサ・パワー
米国国際開発庁長官

ジョン・ケリーは、オバマ政権2期目の2013年から2017年まで、ヒラリー・クリントンの後任として国務長官を務めた。その前は、1985年から2013年まで、民主党所属の連邦上院議員（マサチューセッツ州選出）を務めた。オバマ政権1期目の期間には、連邦上院外交委員会委員長を務めた。ケリーの前任の外交委員長は、ジョー・バイデンだった。

スーザン・ライスは、オバマ政権1期目で米国国連大使 Ambassador of the United States to the United Nations 、2期目には国家安全保障問題担当大統領補佐官 National Security Advisor を務めた。サマンサ・パワーは、オバマ政権1期目では国家安全保障会議（NSC）に入り、大統領特別補佐官と多極化問題・人権問題担当上級部長を務め、2期目にはライスと交代して、米国国連大使を務めた。

国務長官は日本で言えば外務大臣に相当し、大統領継承順位は第4位、閣僚の中では最高位の最重要閣僚である。米国国連大使は閣僚級のポストとして扱われ、ホワイトハウスで開催される国家安全保障会議に出席する。そのために国連本部があるニューヨークとホワイトハウスがあるワシントンDCとの間を往復する激務である。米国国連大使は、アメリカの国連を使った外交の前線指揮官の役割である。大統領国家安全保障問題担当補佐官は、ホワイトハウスでの国家安全保障会議を取り仕切る役職だ。これまでヘンリー・キッシンジャー

Henry Kissinger（1923年－ 97歳）をはじめ大物が務めてきた。両ポジションは共にアメリカの国家安全保障・外交政策における重要な役職である。

## ⬟バイデン政権で「降格」人事を受け入れたケリー、ライス、パワー

今回のバイデン政権では、ジョン・ケリーは新設の気候変動問題担当大統領特使となった。アメリカのメディアは閣僚としての扱いをしているが、自身の省庁を持っている訳ではない。また、その仕事内容もよく分かっていない。スーザン・ライスとサマンサ・パワーはそれぞれ閣僚級とは扱われない仕事である国内政策会議委員長と米国国際開発庁長官にそれぞれ就任した。国内政策会議委員長という役職は大統領直属で、経済政策以外の国内政策の調整を行うというものであるが、これまで地味で目立たない役職だった。米国国際開発庁については後述するが、アメリカの対外援助を担当する政府機関だ。

オバマ政権で重要閣僚となった人物たちがバイデン政権では肩書きとしては閣僚以下の地位に就くことになった。Secretary や Ambassador と呼ばれ、政権の枢要を占めた人々が、Director や Administrator という仕事に就く。私はこれを非常に不思議に思った。

しかし、このような「格下げ・降格」人事が行われる場合には、そこには何かしらの隠された意図がある。それは「名よりも実を取る」ということだ。地位は低くても、実際の任務は大変重要であり、実務の指揮を執るということだ。日露戦争における児玉源太郎が思い出される。児玉は内閣で陸軍大臣や内務大臣、台湾総督を歴任した直後、日露戦争開戦後に、参謀本部次長と満州軍総参謀長に就任し、名目上は降格人事となったが、実質的に日露戦争の陸戦の作戦を立案し、指揮した。ケリー、ライス、パワーの３人も肩書きは降格だが、バイデン政権にとって重要な仕事をするのだろうと私は考えた。

このように考えていたところ、バイデン政権では、気候変動問題担当大統領特使と米国国際開発庁長官はホワイトハウスでの国家安全保障会議に出席することが決定した、という報道が出た。新設の特使は別にして、米国国際開発庁長官はこれまでホワイトハウスでの国家安全保障会議に出席することができなかった。それがバイデン政権では認められることになった。ケリーとパワーについては、重要閣僚級として扱う、ということが明らかになった。

２０２１年２月にはジョー・バイデンがアフリカ系アメリカ人の「エッセンシャル・ワーカー essential workers 」と呼ばれる医療従事者や配送業者、スーパーの店員たちと懇談を持った。その際の司会を務めたのはスーザン・ライスであった。ライスは懇談の中で新型コロナウイルス感染拡大対策の最前線に立つ人々は「英雄」だと称賛した。３月になって激化している人種差別によるアジア系の人々に対する暴力事件の対応をスーザン・ライスが担当するということもホワイトハウスから発表された。ライスもまた、働きは重要閣僚級ということになる。

この3人が担当するのは短期的には新型コロナウイルス感染拡大対策、長期的には気候変動問題対策である。そのベースとなるのは、世界経済フォーラム World Economic Forum（WEF）が策定した、「グレイト・リセット Great Reset 」計画である。これまでのシステムを「リセット」することで、問題を解決するという未来に向けての明るい言葉遣いの裏にあるのは、「権威主義 Authoritarianism《オーソリタリアニズム》 」であり、「コーポラティズム Corporatism 」であり、「国家の力を増大させて自由を制限する」ことである。

## 「環境問題の皇帝《ツァーリ》」と呼ばれているジョン・ケリー

ジョン・ケリーは1943年生まれで現在77歳だ。ジョー・バイデンとは同い年だ。名門イェール大学の出身で、在学中には秘密結社「スカル・アンド・ボーンズ Skull and Bones 」に入会した。1966年に卒業し、アメリカ海軍の士官となり、ヴェトナムに派遣され哨戒艇勤務に就いた。１９７０年に帰国するまでに3度の負傷を負い、勲章を受けた。帰国後は、反戦ヴェトナム帰還兵会 Vietnam Veterans Against the War（ＶＶＡＷ）のメンバーとなった。スポークスマンとして連邦上院軍事委員会で開かれた公聴会によれよれの軍服を着て出席し証言を行った。また、抗議活動の一環として連邦議事堂前で勲章を投げ捨てるパフォーマンスを行ったが、後にこの時に投げ捨てた勲章は自分のものではなく、他人のものだったと述べている。

１９７３年にボストン・カレッジ法科大学院に入学し、１９７６年に弁護士資格を得た。その後はマサチューセッツ州の検察官となり、その後は弁護士を開業した。１９８２年にマサチューセッツ州副知事となり、１９８４年からマサチューセッツ州選出の連邦上院議員となり、２００９年から２０１３年まで連邦上院外交委員長を務めた。オバマ政権２期目の２０１３年から２０１７年までは国務長官を務めた。そして、バイデン政権で新設された気候変動問題担当大統領特使に就任した。

ケリーと言えば、ケネディ家との関係が深いことで知られている。高校時代のケリーの彼女がケネディ家の一族で、ジョン・Ｆ・ケネディ大統領と会うことができた。その際に、「私はイェール大学に入学します」と述べ、ライヴァル校であるハーヴァード大学出身のケネディから嫌な顔をされたという逸話が残っている。また、ジョン・F・ケネディの長女で、駐日大使を務めたキャロライン・ケネディの家庭教師を務めたこともある。

ケリーが1995年に再婚した相手は、ケチャップで有名なハインツ家の未亡人だったテレザ・ハインツ Teresa Heinz（1938年－ 82歳）である。テレザの両親はポルトガル人で、当時ポルトガルの植民地だったモザンビークで1938年に生まれた。南アフリカの大学を卒業し、その後スイスの通訳学校を経て、ニューヨークにある国連本部に通訳として勤務した。

テレザは1966年にハインツ家の御曹司《おんぞうし》ヘンリー・ジョン・ハインツ3世と結婚した。ハインツは1971年から1977年までハインツ家の本拠地ペンシルヴァニア州選出の連邦下院議員、1977年から連邦上院議員となった。しかし、1991年に議員在職中に飛行機事故で死亡した。テレザは未亡人となり、約10億ドル（約1000億円）の資産を相続した。その後、1995年に前夫と連邦上院議員として同僚だったジョン・ケリーと再婚した。再婚の際に2人は資産を別々に管理するという契約書に署名した。テレザは結婚前、ジョン・ケリーと環境保護運動に関わり、彼に多額の資金を提供していた。ケリーが世界経済フォーラム（WEF）の「グレイト・リセット」に執心《しゅうしん》しているのは、ヨーロッパ出身の再婚相手の存在があると考えられる。妻を通じてヨーロッパの超エリート層の仲間入りをしているのだろう。

ケリーはその後も連邦上院議員を続けた。その間に２００４年の大統領選挙では民主党の候補者となったが、本選挙で現職のジョージ・Ｗ・ブッシュに敗れた。２００８年の大統領選挙では、いち早くオバマ支持を表明した。ケリーはマサチューセッツ州というケネディ王国において、ケネディ家周辺の人物として早くから国政用、将来の大統領候補として育てられた人物である。また、２００８年の選挙ではオバマを早くから支持したという点から、ヒラリーとは距離のある人物ということになる。

昨年（２０２０年）の秋頃、大統領選挙本選挙の投開票の前くらいから、バイデンが大統領になれば、ジョン・ケリーが政権入りをするという報道が多くなされることになった。その時に、聞き慣れない「気候変動問題担当大統領特使」という言葉が出ていた。これはおそらく、バイデン周辺がメディアにリークして観測気球を上げたものだと思われる。

## ジョン・ケリーは「グレイト・リセット」の推進を主張している

ジョン・ケリーが気候変動問題担当大統領特使に就任するという話が出た２０２０年冬頃、ジョン・ケリーに関する一本の記事が発表された。あまり注目を浴びなかったが、「なるほど、だからジョン・ケリーが大統領特使に就任したのか」と合点《がてん》が行く記事である。その記事とは『ザ・ヒル』誌ウェブサイトに２０２０年12月３日に掲載された「ジョン・ケリーがジョー・バイデンの急進的『グレイト・リセット・ムーヴメント』への傾倒を明らかにした（John Kerry reveals Biden's devotion to radical 'Great Reset' movement）」（ジャスティン・ハスキンス筆）である。まず、この記事の重要な部分を以下に引用する。

「グレイト・リセット」の支持者たちが主張しているところでは、この計画によって、社会の大きな部分が根本的に形を変えることになるだろうということだ。世界経済フォーラムの代表クラウス・シュワブは6月、次のように書いている。「世界は社会と経済のすべての側面を刷新するために一致団結してかつ迅速に行動しなければならない。それらは例えば、教育、社会契約、労働環境といった側面である。アメリカや中国をはじめとするすべての国家が参加しなければならない。そして、石油産業から天然ガス産業からハイテク産業などすべての産業が変化しなければならない。簡潔に述べると、私たちには資本主義の〝グレイト・リセット〟が必要なのだ」

（中略）

11月中旬に世界経済フォーラムが主催した、グレイト・リセットに関するパネルディスカッションにおいて、バイデン政権で気候変動問題担当大統領特使を務めるであろうジョン・ケリー元国務長官は、バイデン政権がグレイト・リセットを支持し、「グレイト・リセットは、多くの人々が想像しているよりも、より急速にかつより大きな強度をもってアメリカで実現されるだろう」と力強く宣言した。

（中略）

パネラーとして出席したボルゲ・ブレンデは、「世界経済フォーラムとその他のグレイト・リセットの支持者たちは、新しい大統領への期待が大き過ぎ、急ぎ過ぎているのでしょうか？　それとも新大統領は就任第1日目からグレイト・リセットを実行するのでしょうか？」とケリーに質問した。ケリーは「あなたのご質問に対する答えは、〝いいえ、あなたは期待し過ぎてなどいません〟というものです」と答えた。

（中略）

# 「コーポラティズム」の別名に過ぎない「グレイト・リセット」は危険な思想だ

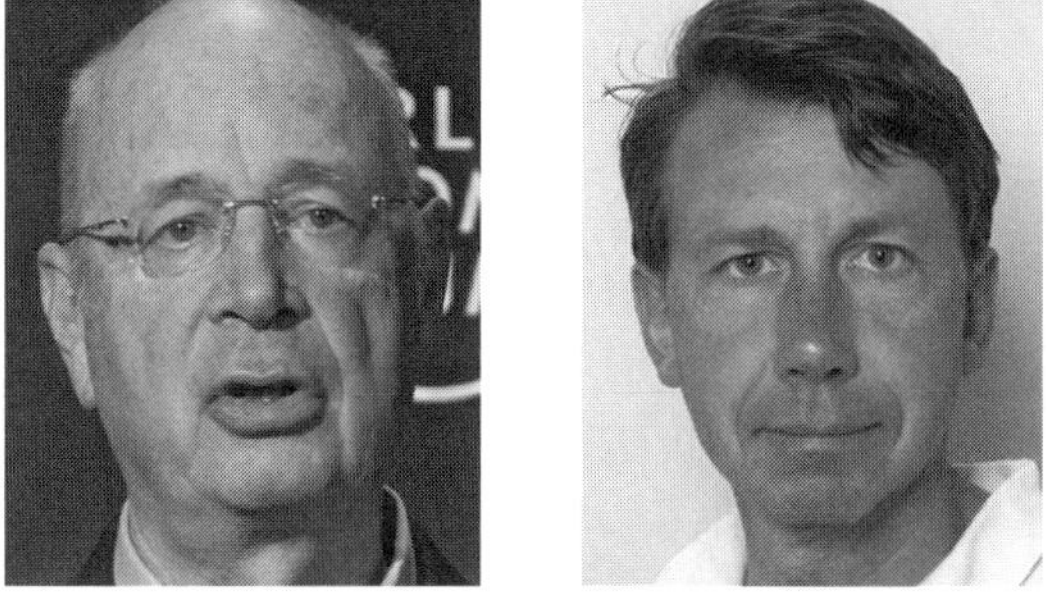
著者のクラウス・シュワブ(左)とティエリ・マルレ(右)

バイデンとグレイト・リセットとのつながりに明確な証拠があることは明らかだ。ジョー・バイデン、ジョン・ケリーとバイデン政権の高官たちはアメリカにグレイト・リセットを導入することを計画している。もし彼らのその試みが成功すれば、アメリカは以前とは同じ国ではなくなるだろう。（翻訳は引用者）

２０２０年に世界経済フォーラムは「グレイト・リセット」ということを言い出した。それは単著にまとめられ、クラウス・シュワブ、ティエリ・マルレ著『グレート・リセット――ダボス会議で語られるアフターコロナの世界 *COVID-19: The Great Reset*』（藤田正美・チャールズ清水・安納令奈訳、日経ナショナル ジオグラフィック社、２０２０年）として日本でも翻訳が出版されている。

新型コロナウイルス感染拡大という事態を受け、これまでのやり方を「リセット」するということだ。「国家の力を劇的に強めて新型コロナ対策を実行する」ということから始まって、「これから新しい生活様式や考え方をしていこう」ということだ。これまでの過剰な市場万能主義と利益追求主義を止めて、人々の生活や社会の改善のために、資本主義を変容させる。そして、気候変動や格差などの諸問題に対応するというものだ。紹介した記事の中では、ジョー・バイデン大統領はこのグレイト・リセットにご執心だということを、ジョン・ケリー気候変動問題担当大統領特使が明確にはっきりと述べた、と書かれている。

世界の諸問題を一気に解決するために、国家の力を劇的に強める。そのようなことになれば、個人の抑圧、私権の制限といったことが必然的に起きてくる。新型コロナウイルス感染拡大を契機に、この危機的状況を利用して、人々が冷静かつ批判的に考えることができないうちに、このような危険なことをやろうというのは、まさに「ショック・ドクトリン」だ。「ショック・ドクトリン」とはカナダ人ジャーナリストのナオミ・クライン Naomi Klein（1970年－ 50歳）が提唱している考え方、分析の枠組みだ。クラインは『ショック・ドクトリン ―― 惨事便乗型資本主義の正体を暴く *The Shock Doctrine: the Rise of Disaster Capitalism*』（幾島幸子・村上由見子訳、岩波書店、2011年）という本を出している、その中で、クラインは「人々が呆然自失としている間に急進的な社会的・経済的変革を進めるという手口である」（10ページ）と書いている。「新型コロナウイルス感染拡大対策をきっかけに、グレイト・リセットをする」という文は、世界経済フォーラムが唱えるグレイト・リセットが、まさに「ショック・ドクトリン」の「公式」をそのまま使ったものであることを示している。

後で述べるが、「グレイト・リセット」では、これまでの「株主優先資本主義 shareholder《シェアホルダー》 capitalism《キャピタリズム》」から「利害関係者包括資本主義 stakeholder《ステイクホルダー》 capitalism《キャピタリズム》」への転換が提唱されている。株主の利益最優先から、社会全体の利益を考えるように転換するということだ。このように聞こえがよい言葉をちりばめているが、その実態は、ナオミ・クラインの『ショック・ドクトリン』の副題にある、惨事便乗型資本主義 disaster《ディザスター》 capitalism《キャピタリズム》 そのものである。

個人の尊重、人権尊重、自由といったアメリカの憲法の精神にまったくそぐわない、このグレイト・リセットという考え方にバイデンやバイデンの側近たちが熱心だということは、それだけで恐ろしいことだし、アメリカがアメリカではなくなる、アメリカを破壊する行為である。そもそも、大統領選挙期間中に、「グレイト・リセット」「ステイクホルダー・キャピタリズム」などと言った考えをバイデンが主張したことがあったか。選挙で語っていないことをいきなり持ち出して、「これは素晴らしいことだからやりますよ」というのは、有権者無視、民主政治体制にとって最重要の手続きの完全無視の暴挙である。

## 「グレイト・リセット」の危険性を指摘する

アメリカ国内でも、世界経済フォーラムの「グレイト・リセット」という考え、そして、ジョン・ケリーがその推進役であることを危険視する論考が出ている。『ナショナル・レヴュー』誌のアンドリュー・スタッタフォード記者は、グレイト・リセットの危険性について、同誌上に複数回にわたって記事を掲載している。２０２０年11月27日付記事「グレイト・リセット――それがただの権力者共同謀議論《けんりょくしゃきょうどうぼうぎろん》だったならどんなに良かったことだろう（The Great Reset: If Only It Were Just a Conspiracy）」と、２０２１年1月27日付記事「ジョン・ケリー、ダヴォス、そして、〝グレイト・リセット〟（John Kerry, Davos, and the "Great Reset"）」でスタッタフォード記者は警告を発している。これらの記事の重要な部分を引用する。

世界経済フォーラムが立案した〝グレイト・リセット〟はコーポラティズムの別名に過ぎない。

（中略）

柔らかな権威主義の古典的な言いかえに過ぎない。そこには世界が「改良」されるために、協力と管理が必要となる。

（中略）

コーポラティズムの要点は政府が各利益団体と協力して行動することである。しかしながら、その際、後者（各利益団体）は前者（政府）に従属する。グレイト・リセットはすべての段階で民間部門の関与を求めることになる。しかし、民間部門がそのようなことをしたくないと答えたら、いったいどうなるだろうか？

（中略）

物質的な消費、責任のある食事の摂取の強調、自宅からより近い場所での長期休暇、生活にとって必要ではないものについては考えないようにしようという呼びかけが行われる。企業の行動が制限され、すべては〝連帯〟に結びつけられて語られ、個人はまったく顧みられない、人々を窒息させ、喜びのない社会。（翻訳は引用者）

これでは、私たちがSFなどで読む、ディストピア dystopia 、暗黒郷である。ディストピアとは、ユートピア utopia 、理想郷とは反対の言葉で、外見上は理想的な美しい社会であるが、一枚めくれば、人々が徹底的に管理・統制され、人間性を否定されている社会のことをいう。世界経済フォーラムの創始者で、『グレート・リセット』の著者クラウス・シュワブもこのことは気にしているようで、著書の中で「ディストピアのリスク」という節を設け、次のように書いている。

ディストピア的シナリオだからといって、破滅ではない。確かに、パンデミック後の時代には個人の健康と幸福がこれまで以上に社会で重視されるだろうから、「テクノロジーによる監視」という魔法使いを元の壺の中に戻すことはないだろう。しかし、個人、それに国家全体の価値や自由を犠牲にすることなく、テクノロジーの恩恵を管理し、存分に活かせるかどうかは、国家、そして国民一人一人の心がけによる。

（『グレート・リセット』１８６ページ）

人々の監視を行うこと自体がすでにディストピアである。ジョージ・オーウェル George Orwell（１９０３－１９５０年　46歳で没）が『１９８４年 *Nineteen Eighty Four* 』で描いた世界そのものである。シュワブは人々の監視のために最新のテクノロジーを使用することを否定していない。これは何とも恐ろしいことだ。そして、私たちの心がけで何とかしろ、となんとも無責任なことを述べている。個人が超巨大企業や国家にどう太刀《たち》打ちできるというのか。そのようなことになったら、個人にできることなどない。

「権威主義 Authoritarianism 」や「コーポラティズム Corporatism 」は政治学、特に比較政治学で使われる言葉だ。簡単に言えば、「非民主的な体制 Non-democracies 」ということになる。比較政治学を専攻した私にとっては親しみのある言葉である。これらの言葉について、詳しく説明する。

「権威主義」「権威主義政治体制 Authoritarian Regime 」という政治体制を「発見」したのは、ホワン・リンツという政治学者だ。政治学 Political Science《ポリティカル サイエンス》 、特に比較政治学の分野において、大変重要な学者で、教科書には必ず出てくる人物だ。

ホワン・リンツ Juan Linz（１９２６－２０１３年　87歳で没）は１９２６年にドイツのボンで生まれ、スペインに移住した。１９４７年にマドリード大学で政治経済学、１９４８年に法学の学士号を取得した。１９５９年、コロンビア大学で博士号を取得し、そのままコロンビア大学で教鞭を取ることになった。１９６８年にはイェール大学に移籍した。リンツは比較政治学の政治体制論・体制変動論を専門とした。リンツは自分が生まれた国ドイツでは、

# 世界経済フォーラム（ダボス会議）が唱えるグレイト・リセットは「ショック・ドクトリン」だ

『ショック・ドクトリン　惨事便乗型資本主義の正体を暴く』を書いたナオミ・クライン（1970 -　）

「権威主義的政治体制」を「発見」した政治学者ホワン・リンツ（1926 - 2013）

ナチスによる全体主義体制へと突き進む状況を経験し、自分が育った国スペインでは、フランコ将軍による独裁的支配を経験し、両国の研究を通じて権威主義政治体制という政治体制を発見した。

リンツは、1964年に「権威主義的政治体制 ―― スペイン（An Authoritarian Regime: Spain）」という論文を発表した。この中で、全体主義とも民主政治体制とも違う、権威主義政治体制があるということを主張した。リンツは権威主義政治体制について次のように定義した。

限定された、責任能力のない政治的多元主義を伴っているが、国家を統治する洗練されたイデオロギーはもたず、しかし独特のメンタリティーはもち、その発展のある時期を除いて政治動員は広範でも集中的でもなく、また指導者あるいは時に小グループが公式的には不明確ながら実際にはまったく予測可能な範囲の中で権力を行使するような政治体制である。

（高橋進監訳『全体主義体制と権威主義体制』法律文化社、1995年、141ページ）

リンツは全体主義の研究から、ナチス支配下のドイツやスターリン支配下のソ連のような全体主義 Totalitarianism《トータリタリアニズム》 とは異なる権威主義政治体制を発見した。リンツは権威主義的政治体制の特徴を4つ挙げている。その4つとは ① 多元主義、② イデオロギー、③ 動員、④ リーダーシップである。

権威主義的政治体制下の具体的な例としてはフランシスコ・フランコ Francisco Franco（1892-1975年　82歳で没）統治下のスペイン、アントニオ・サラザール Antonio Salazar（1889-1970年　81歳で没）統治下のポルトガル、アウグスト・ピノチェト Augusto Pinochet（1915-2006年　91歳で没）統治下のチリが挙げられる。

① 政治体制でいう多元主義 pluralism《プルーラリズム》 とはさまざまな社会的グループや団体が存在し、政治活動に参加するということだ。民主政治体制下では政治多元主義が制限されない。全体主義下では、政治参加できる政党や労働組合のような団体は存在できない。権威主義体制では体制に従順な団体やグループが少数存在するだけだ。

② イデオロギーの面で言うと、ナチズムや社会主義体制下では、厳格なイデオロギーが存在し、人々にそのイデオロギーを学習することを求め、またイデオロギーの実現のために人々は動員される。一方で権威主義体制には公式のそして精緻な構造を持つイデオロギーは

ない。人々に素朴な神、祖国、家族への愛を訴えるだけだ。

③ 全体主義下での動員 mobilization では、人々に対して自由時間のすべてを政治に費やすように求められる。ナチス・ドイツにおけるヒトラーの演説会や北朝鮮のマスゲームなどはその具体例である。人々は家庭や職場で党のイデオロギーを勉強させられる。権威主義政治体制では、体制側は人々を無理やり集会に参加させるようなことはしない。それどころか、人々が政治的な意識を高めることを望まない。

④ リーダーシップの面で言うと、権威主義政治体制は、体制を創設した一人の指導者が存在するだけである。そしてその指導者が神格化され、カリスマが強調される。しかし、その指導者は突拍子もないことをするのではなく、ある程度予測がつく支配を行う。

権威主義政治体制は非民主的であるので、体制に表立って反抗する人間に容赦はない。秘密警察や暗殺部隊による弾圧や暗殺などの陰惨な面もある。しかし、厳格な全体主義体制と比べると、不活発なイメージも同時に付きまとう。国民を総動員するというよりは、反逆しない限りは放置する。そして人々の政治的意識も低い。こうなるとリーダーが死ぬまでは反体制運動も盛り上がらない。実際、スペインもポルトガルもそうだった。権威主義政治体制では指導者が生きている限り、反体制運動や民主化運動が起こりにくい。

コーポラティズムとは、ベニート・ムッソリーニ時代のイタリアで始まった政治体制で、政策決定に政府、経済団体、労働組合、農民組合などの代表者たちを参加させる統制経済体制のことである。コーポラティズムは、戦後、北欧諸国（スウェーデンなど）の政治体制として残っている。このコーポラティズムという言葉は、どうしてもファシズムの悪いイメージが付きまとう。そこで、北欧諸国の政治体制のことはネオ・コーポラティズム Neo-Corporatism と呼ぶ。学者たちは、「北欧諸国で行われている政治体制は、イタリアで発達したコーポラティズムとは違うものなんです。良い部分だけ残した新しいコーポラティズムですよ」ということにしたかったようだ。

ネオ・コーポラティズムは、労働者、経営者、農民などが単一の全国団体を組織し、それぞれの代表者たちが政府の政策決定に参加する体制のことだ。政府は単一の組織に対して政策決定に参加することを承認するが、同一分野の組織や団体が複数参加することは認めない。たとえば、政府が労働政策を決定する場合に、政府の関係部署、経営者団体、労働組合、農民組合の代表者たちが集まって決定する。古いコーポラティズムとどこが違うかというと、はっきりとした違いはない。

コーポラティズムは、労働者や農民などの意見や利益が政策に反映されやすくなる。社会が持つ要望や不満を政府が汲み上げて政策に活かすことができる。しかし、その一方で、政府は、労働者や農民たちを単一の全国組織を通して、統制、管理しやすくなる。彼らの一部が政策に反対しても、政府ではなく、全国組織が彼らに圧力をかけることになる。1970年代、世界的にコーポラティズムという政治体制の研究が盛んになった。

日本に関しては、「労働なきコーポラティズム corporatism without labor 」(T・J・ペンペル、恒川恵市)という分析がなされた。簡単に言えば、政策決定に産業界や農業界の頂上団体は参加しているが、労働組合は入っていないということである。また、現在の中国を見ていると、共産主義体制国家という側面が弱まり、コーポラティズム国家に近づいているように私には見える。

権威主義政治体制やコーポラティズムは、全体主義体制や共産主義体制に比べて、人々への弾圧や動員が少なく、厳格さがそこまで徹底されていないため、酷《ひど》い体制には見えない。しかし、個人よりも団体が重視され、意見が異なる個人がそれを公表して反対することは困難な体制である。その点で、民主政治体制《デモクラシー》とは別のものということになる。「グレイト・リセット」の実態は権威主義体制、コーポラティズムの導入だ、という指摘、そしてその危険なグレイト・リセットがアメリカで推進されようとしていることを私たちは深刻に受け止めなければならない。最新のテクノロジーを使った個人の監視や管理システム（新型コロナウイルス関連で言えばワクチンを接種したか、人混みに出ていないかなどの記録や監視）はすでに導入済みだ。「新型コロナウイルス感染拡大対策にご協力ください」という大義名分、錦の御旗《みはた》を振りかざして、個人生活の監視と管理はさらに拡大していくだろう。

「グレイト・リセット」とは耳触りが良い言葉である。より良い未来に向かって何か新しいことが始まる、という響きがある。しかし、そもそもきっかけが新型コロナウイルス感染拡大であり、そのような緊急時にどさくさ紛れで導入されて良いはずがない。しかも、「バイデン政権になればグレイト・リセットを推進する」などと言うことが選挙の争点になったという記憶もない。いきなり、選挙の時に言わなかった考えを持ち出してきて、「大統領がそれに賛成ですから推進します」というのは民主政治体制《デモクラシー》を無視したものだ。

響きの良い「グレイト・リセット」、何か新しいもののようであるが、よくよく見てみれば、古くからある、「国家の力を増大させ、個人の自由を制限する」ための権威主義、コーポラティズムの焼き直しに過ぎない。また、これは世界経済フォーラムに集う、ヨーロッパを中心にしたエリートたちの机上《きじょう》の空論だ。

バイデン政権が非民主的な体制を構築しようとしているのは、何もヨーロッパ中心の世界経済フォーラムに集うエリートたちを喜ばせるという単純な目的のためではない。国家の力を増大させ、個人の自由を制限し、個人を自ら進んで国家に協力させたり、大義名分の下《もと》に結集させたりする、そうしたことが必要な時はどういう時か。それは戦争だ。

## ◆「国内政策会議」という聞き慣れない組織

スーザン・ライスが就任した国内政策会議委員長（大統領の国内政策担当補佐官でもある）というのも、気候変動問題対担当大統領特使と並んで、その仕事内容がよく分からない役職である。そもそも、国内政策会議という組織が存在するということを私は今回初めて知った。アメリカ政治やアメリカ行政を専門にしている学者たちもその存在を知らなかったのではないかと思う。

国内政策会議は1985年に、当時のロナルド・レーガン Ronald Reagan（1911－2004年　93歳で没　大統領在任1981－1989年）大統領によって創設された。1993年に、当時のビル・クリントン Bill Clinton（1946年－　74歳　大統領在任1993－2001年）大統領が、国内政策会議から、経済政策を切り離して、「国家経済会議 National

Economic Council（NEC）」を創設した。国家経済会議委員長は、政権の経済政策のかじ取りを行う役職のため、歴代の委員長は注目を集めてきた。しかし、国内政策会議委員長については これまで大物が務めることはなかった。スーザン・ライスはこのような地味な、しかも前歴に比べて数段格が落ちるポジションに就いた。

外交政策の専門家であるスーザン・ライスが国内政策の統括のポジションに就いたことは、アメリカのメディアでも驚きをもって報道された。しかし、この国内政策会議委員長（国内政策担当大統領補佐官）という役職は、使いようによっては非常に重要なポジションになる。経済政策以外の国内政策の統括と調整を行い、大統領に助言するのが任務である。

## スーザン・ライスとジョン・ケリーの関係

スーザン・ライスとジョン・ケリーはオバマ政権国家安全保障問題担当大統領補佐官と国務長官という間柄で、国務省とホワイトハウスで外交政策の舵取りを行った。2015年にはイランとの間で核開発をめぐる合意を締結し、キューバとの国交回復も実現した。バイデン政権では、それぞれ気候変動問題と国内政策調整を担当する。

ライスとケリーのコンビは、「アメリカン・セキュリティ・プロジェクト American Security Project」と「ワールド・ウォー・ゼロ World War Zero」という2つの組織の理事というつながりがある。アメリカン・セキュリティ・プロジェクトは2007年にワシントン市内に創設されたシンクタンクだ。気候変動とエネルギーを専門にしている。理事には米軍の退役した将軍クラスが顔を揃えているが、その中にオバマ政権で国防長官を務めたチャック・ヘーゲル元連邦上院議員がいる。ケリーとは連邦上院議員時代、そしてオバマ政権での同僚ということになる。

ワールド・ウォー・ゼロは、2019年にジョン・ケリーが創設した組織だ。こちらも気候変動対策を中心にして活動している。ウェブサイトを見ると、「アメリカン・セキュリティ・プロジェクトとパートナー関係にある」と明記している。こちらの理事は有名人が多く、ジミー・カーターとビル・クリントンの元大統領、クリントン政権で国連大使と国務長官を務めたマデレーン・オルブライト、俳優のアーノルド・シュワルツェネッガー、レオナルド・ディカプリオ、エマ・ワトソンが名前を連ねている。また、こちらにも米軍の退役将軍たちも理事として入っている。この両方の組織の理事会にはヒラリー系の人物の名前は見当たらない。

両方の組織の特徴は、超党派であること、アメリカ軍の退役将官が理事に入っていること、気候変動を国家安全保障上の問題だと主張していることである。この2つの組織に関わっているのがジョン・ケリーだ。ケリーはアメリカン・セキュリティ・プロジェクトの理事を務め、ワールド・ウォー・ゼロに関しては創設者だ。スーザン・ライスはすでに退任しているが、2つの組織の理事を務めた。バイデン政権ではジョン・ケリーが大統領特使、スーザン・ライスが国内政策会議委員長を務め、気候変動政策を主導することになる。「気候変動問題は国家安全保障に関わる問題だ」という観点から、対外的にはジョン・ケリーが大統領特使として、対内的にはスーザン・ライスが国内政策会議委員長として、気候変動に対応するという体制が構築された。

## スーザン・ライスの輝かしい経歴に傷がつき、国務長官の芽が消え去ったベンガジ事件

スーザン・ライスの経歴について見ていきたい。父親は経済学者であり、アメリカの中央銀行である連邦準備制度理事会 Federal Reserve Board（ＦＲＢ）の理事を務めたエメット・ライスである。スーザン・ライスは１９６４年に生まれ、現在56歳である。ジョージ・Ｗ・ブッシュ政権で国家安全保障問題担当大統領補佐官と国務長官を務めたコンドリーザ・ライス Condoleezza Rice（１９５４年－　66歳）とは、アフリカ系アメリカ人、女性、国際

関係論の博士号、同じ苗字といった共通点を持つが、親族関係ではない。

スーザン・ライスは子供の頃から勉学とスポーツに優れ、西海岸の名門スタンフォード大学に進学、優等で卒業した。ローズ奨学生としてオックスフォード大学に留学した。ローズ奨学生はアメリカのエリートの登竜門である。

バイデン政権では、ジェイク・サリヴァン国家安全保障問題担当大統領補佐官、ジョナサン・フィナー国家安全保障問題担当大統領次席補佐官、ピート・ブティジェッジ運輸長官、ジーナ・ライモンド商務長官などがローズ奨学生でオックスフォード大学に留学した経験を持つ。また、ウィリアム・バーンズCIA長官とカート・キャンベル国家安全保障会議インド・太平洋調整官はマーシャル奨学金を得てオックスフォード大学に留学している。バイデン政権にはアメリカのエリートが結集している。ライスもその中の一人だ。ライスはオックスフォード大学で修士号と博士号を取得した。専門はアフリカ政治である。

スーザン・ライスは、ビル・クリントン政権1期目では、1993年から1997年まで国家安全保障会議スタッフとなり、1995年から1997年年まではアフリカ政策大統領特別補佐官兼上級職を務めた。クリントン政権2期目では、マデリーン・オルブライト国務

# リビア大使クリストファー・スティーブンスが殺されたベンガジ事件(2012年9月11日)

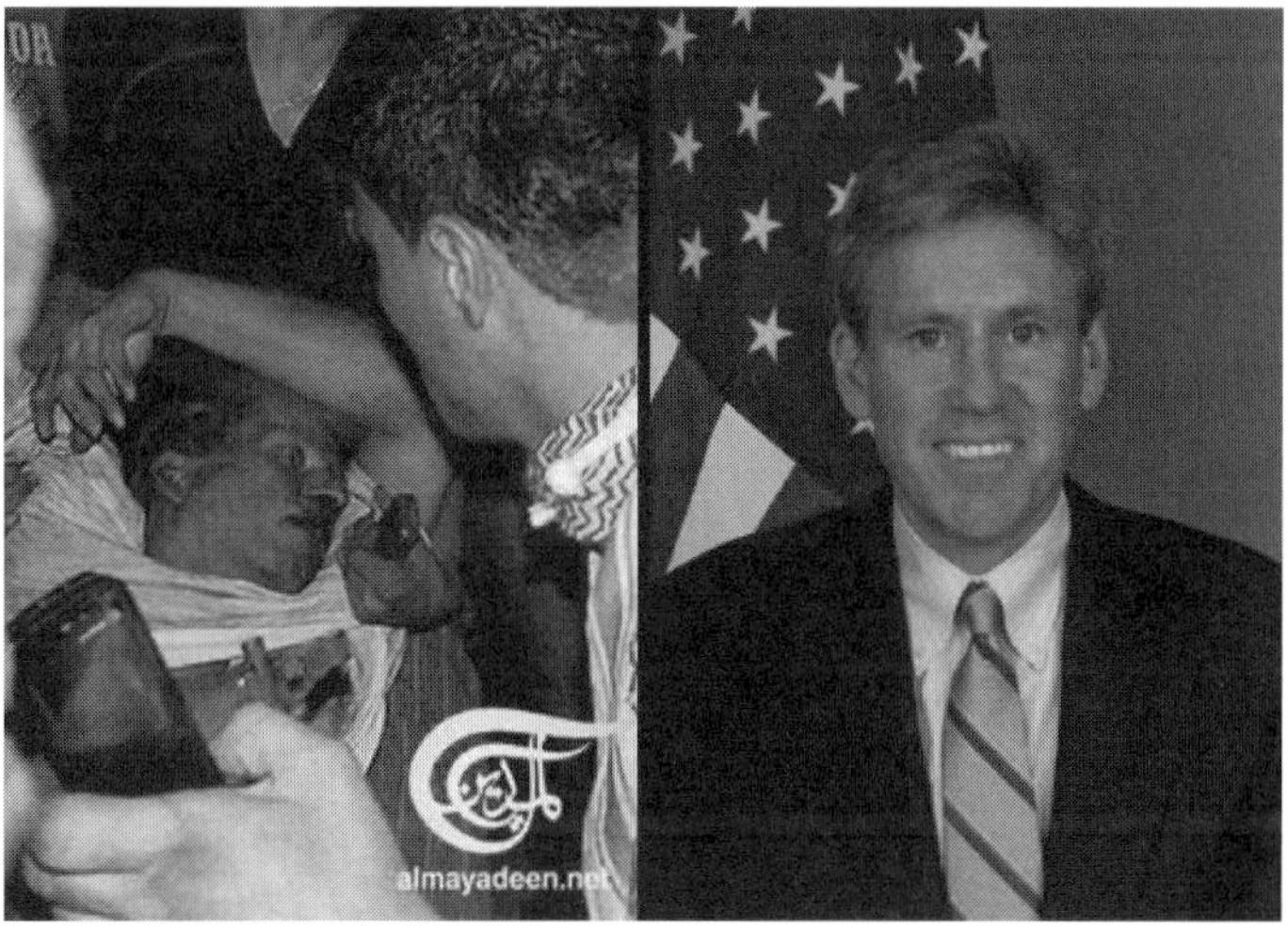


殺害直後のスティーブンス(左)

この事件は、その1年前の2011年10月20日に起きた米仏両軍によるリビアのカダフィ大佐殺害への報復であり、当時国務長官だったヒラリー・クリントンはスティーブンス殺害の報を受けゲロを吐いて卒倒した。当時、国連大使だったスーザン・ライスは「自然発生的な暴徒だった」と事件を矮小化して釈明したため、激しい批判にさらされ、ライスのキャリアに傷がついた。これでライスがヒラリーの後任の国務長官になる芽は消えた。

長官就任に伴い、アフリカ担当国務次官補に抜擢された。当時のアフリカではルワンダやウガンダなどで紛争が激化しており、ライスは米国による介入と調停に奔走した。ブッシュ政権期には民主党系のシンクタンクであるブルッキングス研究所で研究員を務め、2004年の大統領選挙では、民主党候補ジョン・ケリーの政策アドヴァイザーを務めた。2008年の大統領選挙ではいち早くオバマを支持し、陣営の上級政策顧問を務めた。オバマ政権の1期目の2009年から2013年にかけては米国国連大使を務めた。

順調にキャリアを積み、いよいよ国務長官も射程に入ってきていたスーザン・ライスのキャリアに傷がつき、連邦上院の人事承認が必要な役職に就けなくなってしまったのは、ベンガジ事件がきっかけだった。

ベンガジ事件とは、2012年にリビアのベンガジにある米国領事館に武装集団が侵入し、クリストファー・スティーブンス Christopher Stevens（1960－2012年　52歳で没）公使と3名の大使館関係者が殺害された事件だ。

ライスはテレビ番組に出演し、領事館襲撃事件について「イスラムを侮辱する映像に反発した人々が集まって、自然発生的に起きた事件だ」と発言した。しかし、その後、CIAがアルカイダ系組織によって計画された襲撃だったと発表した。結果として、間違った内容を発言したことになり、連邦議会共和党の議員たちは、「国民に誤った情報を提供した。それは事件を矮小化《わいしょうか》する目的があったからだ」とライスを批判した。

同時期、オバマ大統領はヒラリー・クリントンの後任の国務長官にライスを起用する意向を表明していたが、連邦議会共和党は、ライスの国務長官の人事承認に反対すると全面対決の姿勢を見せた。ライスは共和党所属の連邦上院議員たちと会談を持ったが、共和党側の強硬姿勢を変えることはできなかった。

オバマ大統領は結局、ライスを連邦上院の人事承認を必要としない、国家安全保障問題担当補佐官に起用した。ライスはオバマ政権2期目の4年間、補佐官の職を全うした。ライスのト、2013年から2015年まで次席補佐官を務めたのが、アヴリル・ヘインズ、2015年から2017年まで務めたのが、アントニー・ブリンケンだ。今回、バイデン政権では、ヘインズは国家情報長官、ブリンケンは国務長官を務める。

ライスは、人道的立場からアメリカが外国に介入することに賛成する立場である。しかし、ヒラリー派とは一線を画している。また、これまでの経歴を見れば、ケリーやオバマとの関係が深いことも分かる。今回、バイデン政権の外交路線が、中露との対立ということで、ライスは得意の外交政策分野から外されたのだろうと推測される。それでも政権、特に政策遂行にはどうしても必要な人物ということで、国内政策会議委員長に就任したのだろう。

## スーザン・ライスが動画配信サーヴィス「ネットフリックス」社の取締役就任

ライスは、オバマ政権が終わり、民間に戻った。2017年からはワシントンにあるアメリカン大学国際関係大学院の非常勤研究員に就任した。また、2018年からは、動画配信サーヴィス会社ネットフリックス社 Netflix の取締役に就任した。ネットフリックスはインターネット上で、映画やテレビ番組を配信するサーヴィスを提供する会社である。

ネットフリックスは、前章で紹介した、ツイッターやフェイスブックスと並んで、ビッグ・テックの代表的企業となっている。ビッグ・テックにはいくつかの定義があるが、FANGAMとなると、フェイスブック、アマゾン、ネットフリックス、グーグル、アップル、マイクロソフトということになる。ネットフリックスの2020年の売り上げは約2兆6000億円、契約者数は2億人を超えた。新型コロナウイルス騒ぎで巣ごもり需要が増え、その中でネットフリックスの売り上げも伸びたということだ。日本でも売り上げを伸ばしており、日本法人は日本経団連に入会した。

ネットフリックスは、フェイスブックやツイッターと自分たちは違う、という態度を取っている。ウェブサイト「TechCrunch Japan」に2021年1月24日付で「Netflixはそれでも広告を入れないと宣言」という記事が掲載された。ネットフリックスのリード・ヘイスティングスCEOは「ネットフリックスは広告を出さない。ツイッターやフェイスブック、グーグルは大量のデータを集めてそれを使ってインターネット広告ビジネス online advertising business を行っているが、私たちはそれをしない」と発言した。記事から一部引用する。

CEOはまた、広告事業には参入しないというNetflixの戦略的決断には、ユーザーの個人情報を収集している周囲の企業への批判という点において、良い面があると指摘している。それに対抗しようとすれば、Netflixも加入者の個人情報をもっとたくさん収集しなければならない。それは「ユーザーからの搾取だ」と彼は断定し、我々がやりたいこととは違うと話した。

しかし、ビッグ・テック仲間であるフェイスブック、ツイッター、アマゾンが共通して使用している技術のアルゴリズム algorithm をネットフリックスも採用している。ネットフリックスは、契約者の個人の嗜好《しこう》に関するデータは収集していないし、収集していないのだからデータを利用などしていないと述べているが、契約者に対して、「この番組はいかがですか」「この映画はいかがですか」というお勧めが表示される。この表示に使われているのが、アルゴリズムである。アルゴリズムで個人の嗜好を把握し、それぞれが好むであろう内容のテレビ番組や映画を表示する。こうなれば、最後には契約者は自分の好みについて、自分で考えなくなり、機械に選んでもらうという恐ろしい状態に陥る。

ここで興味深いのは、ネットフリックスで、バラク・オバマ元大統領とミシェル夫人が番組を制作し、放映しているという点だ。オバマ元大統領がトークショー番組に出演したり、ミシェルが子供向け料理番組のホスト役を務めたりしている。また、ミシェルの自伝『マイ・ストーリー』の宣伝のための全米ツアーの様子を収めたドキュメンタリー番組も放映している。社会派ドラマやドキュメンタリーを主に見ている契約者に対する「お勧め」にオバマ夫妻の番組が出てくるようにすることもできる。オバマ夫妻の宣伝を行い、民主党支持者たちの間での、オバマ夫妻の存在感の確保に、ネットフリックスは一役買っていることになる。

ネットフリックスは「フェイスブックやツイッターなどと違って自分たちは政治に利用さ

れていない、世論へ影響を与えていないし、誘導などしていない、私たちは契約者が求める面白いコンテンツを提供しているだけだ」と繰り返し訴えている。しかし、オバマ夫妻に関する番組を制作して放映するなどして、十分に政治的だ。

また、スーザン・ライスが2018年3月28日にネットフリックスの取締役に就任、オバマ夫妻がネットフリックスと番組制作の契約を正式に結んだのは5月22日のことだった。その前の3月8日にニューヨーク・タイムズ紙がネットフリックスとオバマ夫妻が番組制作に関して交渉を進めていると報じていたわけだが、スーザン・ライスの取締役就任とオバマ夫妻の番組制作の話はほぼ同時に進んでいたと見ることができる。オバマ夫妻とスーザン・ライスの関係は深いことがここからも分かる。

ミシェルの存在感が維持されるとどうしても出てくるのが、「ミシェル大統領待望論」だ。2020年の大統領選挙でも、ミシェルの出馬を求める声は多かった。しかし、「ミシェルは政治家に向かない」という評価が彼女をよく知る人たちの中にあるのも事実だ。ミシェルは頭が良すぎて、自分が話している相手の程度をすぐに測定して、自分よりも下、もしくは自分が話す必要がないという判断をすると、それが表情や態度に出てしまう、ということだ。政治家に必要な人当たりの良さが彼女には備わっていないということだ。

しかし、それでもなお、ミシェル待望論は根強い。女性初の大統領はカマラではなく、ミシェルであるべきだという声もある。カマラ・ハリス大統領昇格説もあるが、私はその可能性は低いと考える。カマラ・ハリスは2020年大統領選挙民主党予備選挙で支持がまったく伸びずに、早々に選挙戦から撤退を余儀なくされた。連邦上院議員を1期目の途中で辞めて、副大統領に転進したので、国政での経験もほとんどない。人気と実力、そのどちらもない。カマラ・ハリスに「女性初の大統領」になるだけの「格」はない。

2020年11月と12月に、マクロウリン社が世論調査を実施した。「2024年の大統領選挙で民主党候補にふさわしい人物は誰か」という質問に対して、11月の調査で、カマラ・ハリスと答えたのが29%、ミシェル・オバマと答えたのが23%だった。12月の調査では数字が逆転し、ミシェルが29%、カマラが25%という結果だった。

スーザン・ライスが専門の外交・安全保障政策ではなく、国内政策の司令塔役を引き受けたのは、ミシェル政権での副大統領や重要閣僚、首席補佐官などへの就任に向けた、準備と予行演習ということも考えられる。ミシェルがどのように考え、決断するのかに注目していくべきだろう。

## スーザン・ライスはオバマ政権でのエボラ出血熱対応経験を持つ

スーザン・ライスは大統領選挙期間中、ジョー・バイデンの副大統領の有力候補として、アメリカのメディアでも報道されていた。ライスの名前が挙がったのは、「新型コロナウイルス感染拡大対策は、バイデン政権が成立しても最重要課題であるが、ライスはオバマ政権の国家安全保障問題担当大統領補佐官時代に、西アフリカから拡大してきたエボラ出血熱対策に成功した経験を持つ」ということが理由だった。トランプ政権では、マイク・ペンス副大統領が新型コロナウイルス感染拡大対策の責任者であった。こうしたこともあり、スーザン・ライスも副大統領候補に名前が挙がった。

『ポリティコ』誌2020年6月8日付「次のパンデミックについて、エボラがスーザン・ライスに教えたこと（What Ebola Taught Susan Rice About the Next Pandemic）」（ブレイク・ハウンシェル記者）に、2014年のエボラ出血熱流行 Western African Ebola virus epidemic のアメリカの対応がよくまとめられている。

2014年、アフリカ西部にあるシエラレオネ、リベリア、ギニアなどの国々でエボラ出血熱が発生し、感染が拡大していった。アメリカでも、リベリアから親戚を訪問するために入国した男性がエボラ出血熱に感染していたことが判明し、アメリカ国内で恐怖感が高まっていった。「即座にアフリカ諸国からの入国を差し止めよ」という要求がなされるようになった。

スーザン・ライスは全面的な入国禁止措置を取らず、入国をコントロールすることを選び、省庁間の調整と連絡業務を任せるため、ロン・クレイン Ron Klain（1961年－　59歳）をエボラ出血熱対策調整官 White House Ebola Response Coordinator に起用するようにオバマ大統領に進言した。ロン・クレインはクリントン政権でアル・ゴア副大統領の首席補佐官（1995年から1999年）、オバマ政権でジョー・バイデン副大統領の首席補佐官（2009年から2011年）を務めた経験を持っていた。

クレインは弁護士としての知識と経験があり、補佐官の仕事にも慣れてはいた。しかし、医療制度や伝染病についての知識はなかった。そして、クレインの起用には多くの批判が寄せられた。しかし、オバマ大統領はクレインについて「注意深く完璧にやる cross all the T's and dot the all the I's（「ｔの横線を引く、ｉの点を打つ」という意味）」ことができる唯一の人物だと評価しての起用だと述べた。クレインは各政府機関との連携や上司となるスーザン・ライス国家安全保障問題担当大統領補佐官との連絡と調整をこなし、アメリカ国内でのエボラ出血熱感染拡大防止に貢献したと評価されている。

クレインに各省庁間の調整を任せることで、国防総省、国務省、国土安全保障省、アメリカ疾病予防管理センターの連携がスムーズに行き、国内での感染を収めることに成功した。ライスはアメリカ軍の制服組を説得し、米軍をアフリカ西部地域に派遣し、各国の感染対策の支援を行うことにも成功した。

ロン・クレインは現在、バイデン政権の大統領首席補佐官 Chief of Staff《チーフ オブ スタッフ》を務めている。官僚的組織の動かし方を心得ている人物としての起用である。大統領首席補佐官は、ホワイトハウスのスタッフを監督し、大統領のスケジュールと面会者の調整を行う。大統領の補佐役として、多くの場合、気心が知れた友人が起用されることが多い。大統領の政策実現のため、連邦議会の民主、共和両党の指導部をはじめ、閣僚たちとの交渉や調整を行う。そのため、調整力や交渉力が必要になるポジションだ。

バイデン大統領の首席補佐官に就任してからのクレインについて、連邦議会の共和党指導部からの評価は厳しい。すでに政権発足直後から多くの批判を受けている。連邦議会共和党は、上下両院で少数党となっている。連邦上院では議席を50ずつで民主党と分け合っているが、採決で50対50となると、副大統領が議長として投票することになり、民主党が多数ということになる。

アメリカ連邦議会では、日本の国会での党議拘束のようなものはなく、議員個人の考えで投票ができる。例えば、民主党に所属している議員が、民主党が訴えている政策の法案に反対投票することがある。逆もまたしかりだ。

従って、法案審議から採決にかけて、できるだけ多くの議員から賛成して可決してもらえるように、議会内で話し合いがもたれる。大統領肝いりの政策が法制化される場合には、ホワイトハウスで連邦議会の両党指導部や、個別の議員たちと話し合いがもたれる。

新型コロナウイルス感染拡大対策の1兆9000億ドル（約210兆円）規模の経済刺激策について、連邦議会共和党は、その中身について減額や条件付けなどで、修正を求めようとしていた。そこで、連邦議会共和党指導部は最終的にジョー・バイデン大統領との直接交渉を求めた。しかし、それをクレイン首席補佐官が邪魔をしたということで、共和党側は怒りをあらわにした。複数の議員たちがクレインを「カーテンの裏にいる黒幕 guy behind the curtain」と呼び、ミッチ・マコーネル連邦上院少数党（共和党）院内総務は、クレインが実質的に政治を動かしていると批判し、クレインを「クレイン首相 Prime Minister Klain 」と呼び、バイデンがまったく表に出てこずに存在感がないことと合わせて、「選挙で選ばれていないお前が実質的に政治を動かしているのはけしからん」と非難した。

2021年3月3日に『ザ・ヒル』に「ティーム・バイデンは明るいワクチンに関するニュースで驚かす（Team Biden surprises with positive vaccine news ）」（モーガン・チャルファント記者、ジョナサン・イーズリー記者）という記事が掲載された。この記事によると、ワクチンの供給と摂取の完了の予定が7月末であったが、バイデン政権はこれを5月末に早めることができると発表した。「アメリカ軍、アメリカ合衆国郵便公社、アメリカ食品医薬品局、アメリカ疾病予防管理センター、製薬会社」の連絡調整と連携がうまく行ってのことであると記事は書いている。この省庁間、参加者の連絡調整や連携を行っているのは、エボラ出血熱対策ですでに経験を持つライスとクレインであろう。

2021年3月25日に時事通信が「不法越境担当にハリス副大統領＝バイデン氏から『初任務』――米」という記事を報じた。中南米からの不法移民が急増している問題について、バイデンが副大統領のハリスを責任者に据えるという。そして、ハリスが特定の政策を担当するのは初めてだ。

トランプ政権では、新型コロナウイルス感染拡大対策の責任者は、マイク・ペンス副大統領だった。それだけこの問題は重要だとトランプ政権も考えていたということを示している。ところがバイデン政権では、新型コロナウイルス感染拡大対策の責任者はハリス副大統領ではない。それどころか、「女性初、アフリカ系初、アジア系初」と初物尽くしで、鳴り物入りでホワイトハウスに入ったハリス副大統領には何も仕事がなかったということになる。

新型コロナウイルス感染拡大対策を主導しているのは、国内政策会議委員長にして国内政策担当補佐官である、スーザン・ライスである。このことが示しているのは、国内政策担当のスーザン・ライスが、カマラ・ハリスを差し置いて実質的に副大統領として機能しているということだ。また、ロン・クレインが実質的にホワイトハウスを動かしているということもあり、バイデンとハリスの存在感が希薄になってしまうのは当然のことだ。

## サマンサ・パワーはヒラリーを「化け物」と呼んで大問題になった過去を持つ

バイデン政権において、米国国際開発庁長官に就任したのがサマンサ・パワーである。米国国際開発庁長官は、アメリカの対外援助を統括するポジションである。また、海外で大規模な自然災害や疾病《しっぺい》の大規模流行が起これば、その支援のために、資金、物資、人員を派遣することも主要な任務となっている。

米国国際開発庁（USAID）については、拙著『アメリカ政治の秘密　日本人が知らない世界支配の構造』で詳しく取り上げた。アメリカ外交の一潮流である「介入主義（Interventionism）」において、極めて重要な政府機関である。トランプ政権は、「アイソレイショニズム（国内問題解決優先主義）」を掲げており、米国国際開発庁の予算を削る措置を取っていた。「アイソレイショニズム」については、第4章で詳しく説明するが、ここでは簡単に「外国の問題よりも、国内問題の解決を優先する」という考えだ。そうなると、海外援助分野が縮小されるのは当然のことだ。

オバマ政権で重要閣僚級として遇される米国国連大使を務めたサマンサ・パワーが米国国際開発庁の長官に就任し、これまでホワイトハウスでの国家安全保障会議に出席する資格を持っていなかった米国国際開発庁長官がバイデン政権では会議に出席できるようになったことから、バイデン政権では米国国際開発庁を重視していることが明らかだ。サマンサ・パワーの指揮の下、米国国際開発庁は、短期的には、新型コロナウイルス感染拡大対策、中長期的には気候変動問題に取り組む。

サマンサ・パワーは１９７０年生まれで50歳。ロンドンで生まれ、アイルランドで育ち、９歳の時に家族でアメリカに移住してきた。イェール大学卒業後、１９９３年から１９９６年まで、ジャーナリストとしてユーゴスラビア紛争を現場で取材した。アメリカに帰国後、ハーヴァード大学法科大学院に入学し、１９９９年に弁護士資格を取得した。その後は、ハーヴァード大学ケネディスクールで研究員を務めた。

２００２年に初めての単著『集団人間破壊の時代　平和維持活動の現実と市民の役割（*A Problem from Hell*）』（星野尚美訳、ミネルヴァ書房、２０１０年）でデビューした。この本は話題となり、２００３年にピューリッツァー賞を受賞した。この本の中でパワーは「ある国での大量虐殺を防止するために、アメリカをはじめとする国際社会が人道上の理由からその国に軍事力を含めて介入すべきだ」と書いた。パワーはこの考えを「保護する責任 responsibility《レスポンシビリティ》 to《トゥ》 protect《プロテクト》」と呼んだ。

バラク・オバマはイリノイ州上院議員時代にパワーの本を読み、２００５年に連邦上院議員初当選直後に、パワーに連絡を取り、自分の外交政策担当スタッフに招聘《しょうへい》。パワーはハーヴァード大学での職をなげうって、オバマのスタッフに転身した。そして、２００８年の大統領選挙に出馬したオバマの選対幹部となった。

リマンサ・パワーは、人道的な介入を主張している点で、ヒラリー・クリントンと同じ考えを持っている。しかし、ヒラリーとは犬猿の仲である。パワーは、イギリスのスコットランド地方の新聞『ザ・スコッツマン』紙とのインタヴューの中で、当時オバマと民主党の大統領選挙候補指名を争っていたヒラリーのことを「化け物 monster 」と呼んでこき下ろした。イギリスの新聞ということで油断もあったようだ。これはオフレコ（記事にしない）にして、と述べたところまでが、インタヴュー記事として紙面に掲載されてしまった。そして、そのことがアメリカでも報道され、大問題になった。この発言のために、パワーはオバマ選対から外れることになった。それでもオバマ政権1期目には国家安全保障会議の大統領特別顧問と人権担当上級部長を務めた。アラブの春の際には、リビアへの介入をオバマ大統領に進言したとも言われている。オバマ政権2期目ではスーザン・ライスの後任として、米国国連大使に就任した。

パワーは思い込んだら命がけ、一途《いちず》すぎるところがあり、そのために失言も多く、敵を作りやすい。米国国連大使時代、ホワイトハウスでの会議でも自説を曲げずに、大声で主張を続け、オバマ大統領に、「ここにいるみんな、君の本を読んでいるからね（本に書いてある正論をここでまた大声で喚《わめ》かないでくれ）」とたしなめられたという逸話が残っている。オバマ政権終了後は、ハーヴァード大学に戻り、教鞭を執っていた。

## 米国国際開発庁（USAID）という「民主化」の尖兵

民主化 democratization《デモクラタイゼイション》という言葉は、非常に恐ろしい意味を持つ言葉だ。「ある国が民主的な政治体制になるというのは素晴らしいことだ。進歩したということだから」というのは、表層的な理解である。民主化という言葉が持つ根本的な意味とは「遅れた国々に対して、外国（アメリカ）の力で、上から強制的に民主政治体制を注入し、植えつける」という意味になる。このような考えを社会工学 social engineering《ソーシャル　エンジニアリング》といい、もっと露骨に言えば「文明化外科手術」ということになる。

日本はアメリカによって「民主化」という「外科手術」を施された国である。日本は太平洋戦争でアメリカに負けて、アメリカの支配を受けた。その過程で行われたのが、3つのD政策、「民主化 Democratization 」「非軍事化 Demilitarization《ディミタライゼーション》」「非集中化 Decentralization《ディセントラライゼーション》」だ。非集中化とは具体的には財閥解体のことだ。アメリカは日本の成功体験によって、他国でもアメリカによる民主化が上手くいくという確信を得た。特に冷戦期、米ソ両陣営は、イデオロギー的に激しく火花を散らした。その中で、「以前は血みどろになって戦った日米両国であるが、アメリカの温情と導きによって、日本は立ち直り、経済的にも成功している」ということを謳《うた》い文句にして、「共産化しなくても、アメリカが助けてあげるので、日本みたいに民主的で豊かな資本主義国になれますよ」ということで発展途上国をアメリカが率いる資本主義陣営につなぎとめようとした。

米ソの激しい争いの中、米国国際開発庁（USAID）は1961年に当時のジョン・F・ケネディ大統領によって創設された。ケネディ大統領こそが、アメリカの「介入主義」の始まりであることは、拙著『アメリカ政治の秘密』で説明した。はじめ大統領直属の機関として運営されてきたが、1988年からは国務省の監督下に置かれ、外局となった。CIAが行っていた表に出せない仕事をUSAIDが行えるようにするための機構改革であった。CIAの要員は多くの場合、USAIDの職員という身分で外国に派遣され駐在する。

国務省の下の外局ではあるが職員数は2016年の段階で約3900名、予算規模は約272億ドル、日本で約3兆円という巨額に上る。国務省は2020年の段階で、職員数は約7万人、予算は約525億ドル、日本円で約5兆8000億円を誇る。

米国国際開発庁が行う表向きの仕事は、紛争防止、途上国に対する経済支援や農業開発支援、医療保険の改善、大規模な自然災害発生後の人道支援を行うことである。こうしたことに人員を派遣し、資金を提供している。２０１１年の東日本大震災直後、ＵＳＡＩＤはレスキューティームの日本派遣を行った。

ＵＳＡＩＤの真の目的は、２００８年までウェブサイトに掲載されていて、現在は変更されている次の言葉が明確に表現している。「アメリカの対外援助には２つの目的がある。１つは民主政治体制と自由市場経済を世界中に拡散することでアメリカの国益を増進することである。もう１つは、発展途上国の人々の生活を改善することである」（翻訳は引用者）。人道的介入主義者やネオコンが言っていることとまったく同じだ。ＵＳＡＩＤの仕事は、「発展途上国を〝民主化〟し、アメリカの国益増進に貢献すること」なのである。

サマンサ・パワー長官率いるＵＳＡＩＤは新型コロナウイルス感染と気候変動問題を柱に据える。サマンサ・パワー自身が発表した『フォーリン・アフェアーズ』誌２０２１年１・２月号「意欲のある大国（The Can-Do Power）」という論稿と、『*Devex*』誌２０２１年２月４日付記事「ＵＳＡＩＤ長官に指名されたパワーが世界規模の新型コロナウイルス対応でアメリカが主導することを求める（USAID nominee Power calls for US to lead on global COVID-19 response）」（アダヴァ・サルディンガー記者）では、ＵＳＡＩＤが短期的には、新型コロナウイルス感染拡大対策、長期的には気候変動問題に取り組むとしている。

パワーは、トランプ政権では国際的な動きが何もできていなかったので、意欲的に取り組むとし、中国も問題解決のために巻き込むと述べている。

## 運輸長官として環境問題にも対応するピート・ブティジェッジ

バイデン政権には、運輸長官 Secretary of Transportation としてピート・ブティジェッジ Pete Buttigieg（1982年－　39歳）が入閣した。ブティジェッジは2020年アメリカ大統領の民主党予備選挙で有力候補となった。珍しい苗字と、同性愛者であることを公表していることで、人々の注目を集めた。アメリカ大統領選挙期間中、日本のメディアでも紹介された。しかし、2019年1月に大統領選挙への出馬を考慮すると発表した際には、全米メディアではまったく相手にされず、世論調査の支持率もゼロ%だった。

それが、2019年3月にCNNのタウンホール・ミーティング（候補者が舞台上におり、聴衆からの質問に答える形式）番組に出演し、ウィットに富んだ受け答えで人々の注目を集めた。私もCNNのタウンホール・ミーティングからブティジェッジに注目し、ブログでも紹介した。日本国内ではかなり早いほうだったと自負している。その後4月になって正式に大統領選挙民主党予備選挙に出馬を表明してから、知名度と人気が上昇していった。

ブティジェッジの経歴は華麗だ。１９８２年にインディアナ州サウスベンド市で生まれた。父は地中海にある島国マルタの出身で、当時は、アメリカ中西部の私立の名門ノートルダム大学の教員であった。母もまたノートルダム大学の教員を務めた。ピート・ブティジェッジはハーヴァード大学を優等で卒業し、卒業後はアメリカのエリートの登竜門であるローズ奨学金を得て、オックスフォード大学に留学し、経済学、哲学、政治学で学位を取得した。こちらは最優等での取得だった。２００４年の大統領選挙ではジョン・ケリーの選対に参加した。その後は、２００７年から２０１０年までコンサルティング会社マッキンゼーに勤務した。２０１２年に29歳で生まれ育ったサウスベンド市の市長となった。２０２０年に退任するまで、市内中心部の再開発などに成功し、注目を集めた。

２００９年からはアメリカ海軍の予備役《よびえき》将校となり、２０１４年には市長在職中に休職して、アフガニスタンで情報将校を務めた。市長を休職して軍務に就くというのは異例のことだが、南北戦争時代に市長が従軍できるとした、サウスベンド市の条例を利用してのものだった。ブティジェッジは、アフガニスタンでは、アラビア語とダリー語の知識を活かし、テロ組織の資金の調査活動にあたった。また、フランス語、スペイン語、イタリア語、マルタ語、ノルウェー語が堪能である。

ノティジェッジは高校生の時に、ケネディ財団が主催する論文コンクールに応募し、最優秀賞を受賞した。その内容は当時無所属の連邦下院議員だったバーニー・サンダースを取り上げ、政治における寛容と統合について書いたものだった。ブティジェッジはボストンでの表彰式に出席し、オバマ政権で駐日大使を務めたキャロライン・ケネディ（ジョン・Ｆ・ケネディ大統領の長女）やテッド・ケネディ連邦上院議員（ケネディ大統領の弟）と会った。まだ幼さが残る顔のブティジェッジとキャロラインが一緒に写った写真が残っている。高校時代から将来を嘱望《しょくぼう》されており、「将来はアメリカ大統領になるに違いない」と周囲から大いに期待されていた。

　サウスベンド市はインディアナ州にあるが、州北部、イリノイ州との州境に近く、最も近い大都会はシカゴだ。ブティジェッジは２０２０年大統領選挙民主党予備選挙では選対本部をサウスベンド市に置いたが、第２の本部となる支部をシカゴに置いた。全米の移動にはシカゴからのほうが便利であるからだ。また、シカゴと言えば、オバマ夫妻の拠点であり、ブティジェッジはオバマ夫妻からの支援も期待していたのではないかと思われる。バラク・オバマはブティジェッジがサウスベンド市長時代から面識があり、オバマが大統領退任前に受けたインタヴューの中で、民主党内の期待の若手として、ブティジェッジの名前を挙げたこともある。アメリカ大統領選挙民主党予備選挙の序盤戦では善戦したが、やがて勢いが衰えて、最終的にはバイデン支持を表明した。バイデンは論功行賞として、ブティジェッジを運輸長官に起用した。

ジョー・バイデンは2021年3月31日、インフラ整備と気候変動対策を柱とする経済対策を発表した。その規模は8年間で2兆ドル（約220兆円）を超えるものである。電気自動車の充電ステーションの整備、鉛《なまり》製の給水管の撤去、道路整備、鉄道やバスの車両交換、老朽化した橋の補修などのインフラ整備、退役軍人病院の改良、低所得者向け住宅の改善、高速ブロードバンドの拡充、製造業とテクノロジー研究に対する助成金などが経済対策の内容である。財源は法人税を引き上げることで賄《まかな》うとしている。増税については共和党と経済界が反対を表明している。

この経済対策の柱は、アメリカ国内の壊れかかったインフラ整備である。高速道路や公共交通機関（鉄道や空港、港湾など）のインフラ整備を担当するのが運輸長官だ。インフラ整備に加えて、気候変動問題対策として、電気自動車の導入も柱とされている。ブティジェッジは運輸長官として、気候変動問題にも取り組むことになる。ということは、ジョン・ケリーやスーザン・ライスと緊密に連携をしながら業務を進めていくことになる。ブティジェッジもまた「グレイト・リセット」の推進役を務めるのである。

## 新型コロナウイルス対策と気候変動問題対応を大義名分にしてのグレイト・リセット

バイデン政権内で、オバマ政権で重要閣僚を務めたジョン・ケリー、スーザン・ライス、サマンサ・パワーといった人物たちが役不足とも思われる役職に就いていること、そして、今回ケリーたちが就任した役職は役不足でも何でもなくて、重要な仕事を行うためであること、それは世界経済フォーラム（WEF）が提唱する「グレイト・リセット」を推進することであること、を本章では明らかにしてきた。

世界経済フォーラムが提唱する「グレイト・リセット」は、新型コロナウイルス感染拡大を受けて、これまでの考えや生活様式を大きく変えようという試みであるが、その本質は、非民主的な権威主義体制、コーポラティズムの導入によって、人々をより効果的に管理し支配しようということである。その危険性についても指摘した。バイデン政権の中露に対する強硬姿勢と合わせて考えると、グレイト・リセットの推進とは、戦争準備のためであろうというのが私の見立てだ。

そんなことはいくら何でも考え過ぎだ、大げさ過ぎる、という反論もあるだろう。しかし、現実は常に人間の想像や想定を軽く超えるということも忘れてはいけない。

# 第3章
# 民主党、共和党の既成2大政党内部はエスタブリッシュメント対急進派（ポピュリズム）に分裂

2019年10月19日、民主党大統領選予備選のさ中、バーニー・サンダーズ上院議員（バーモント州選出）の応援に駆けつけたアレクサンドリア・オカシオ＝コルテス下院議員（ニューヨーク州選出）［写真提供：AFP＝時事］

## 2大政党制とポピュリズム

アメリカは2大政党制 Two Party System であり、保守の共和党 Republican Party とリベラルの民主党 Democratic Party があることは多くの人たちが知っている。日本でも1990年代に、アメリカのような「決められる政治」を目指すということで、政治改革が行われ、選挙制度が変更された。それは「アメリカのような2大政党になれば物事が迅速に決められる」という考えによるものだった。

アメリカが「決められる政治」というのは言葉遊びに過ぎない。アメリカ連邦議会では、法案は、多くのステップを経ながら議論され検討され、ほとんどの法案が法律にならずに廃案になってしまう。また、法律になるにしても提案された当初の内容とは大きく異なる妥協の産物となるし、大統領がやりたいと考えていることでも連邦議会で大統領と同じ政党が反対をして実現しないことが起きる。アメリカでは「決められる政治」など行われていない。また、アメリカの立法 legislation、行政 administration、司法 judiciary の三権分立制度 separation《セパレイション》 of《オブ》 powers《パワーズ》 は拙速な決定を行う、もしくは1つの機関が大きな力を持つことができないようになっている。建国の父たち Founding Fathers がそのように制度設計をした。

例えば、大統領と議会の間で予算をめぐる対立が起き、連邦政府の機能が停止されてしまうということが起きる。連邦政府の機能停止 shutdown《シャットダウン》 について日本でも報道される。ホワイトハウスと連邦議会の指導者たちが集まって交渉をして、何かしらの妥協が成立する。2大政党制になれば物事が時間をかけずに決定されるということはない。それどころか、権力が集中しないように非常に抑制的な構造になっている。

岡山裕は、著書『アメリカの政党政治　建国から250年の軌跡』（中公新書、2020年）の中で、アメリカの2大政党制について「極めてまとまりの弱い、柔構造をとる」とし、アメリカの2大政党の特徴を次のように指摘している。以下に引用する。

第一に、民主党も共和党も、それぞれが州を始めとする地域単位の政党組織の連合であり、単一の組織とは言いがたい。

第二に、各地の政党組織にしても、連邦議会や州議会の各議院で党所属議員が作る組織にしても、その指導部（執行部）が強制力を伴う指示を出せないことのほうが多い。先のトランプの例に表れているように、アメリカの政党指導者たちは今日、選挙で自党の候補者を誰にするかさえ直接決められない。

第三に、政党の内外の境目もはっきりしていない、そもそも、誰が党の構成員なのかについて明確なルールが存在しないのである。（ivページ）

日本では国会での採決が行われる際、国会議員は所属する党の方針に従って投票を行う。政党内の決議によって所属する議員の行動を拘束する「党議拘束《とうぎこうそく》 party《パーティー》 discipline《ディシィプリン》」が決められる。これに反する投票を行うと「造反《ぞうはん》」と呼ばれ、処分される。日本では党の執行部の力が強い構造になっている。アメリカでは民主、共和両党ともに中央に全国委員会 national committee というものはあるが、その委員長が党首ではない。日本やイギリスの政党のような党首は存在しない。連邦議員たちは自身の考えに従って採決に参加する。最近で言えば、ドナルド・トランプ大統領の弾劾について、共和党所属の連邦議員の中から、複数の議員たちが弾劾に賛成票を投じた。アメリカの政党は上意下達《じょういかたつ》の構造にはなっていない。

ニュースなどで耳にする「院内総務」という言葉から、アメリカ連邦議会における民主、共和両党の指導部について簡単に説明したい。日本でも、アメリカ連邦議会についての報道がなされる。その時に「連邦議会共和党（もしくは民主党）指導部」「院内総務」という言葉が使われる。

連邦下院から話を始める。アメリカでは2大政党制であるので、選挙の結果で民主党、共和党どちらかが過半数を占める。過半数を占める政党が多数党 Majority《マジョリティ》 となり、そうではない政党は少数党 Minority《マイノリティ》 となる。多数党から連邦下院議長 Speaker of House of Representatives を出す。連邦下院議長は多数党のトップ、最高幹部ということになる。ナンバーツーとして多数党院内総務 Majority Leader が選ばれ、院内総務の下に多数党院内幹事 Majority Whip が選ばれる。幹事の下には複数の副幹事がいる。その他に所属議員会会長 Chair of the House Republican/Democratic Conference がおり、これらの役職の人々が議会指導部を形成する。少数党の場合は、議長は出ないので、院内総務が最高幹部となり、その下に院内幹事、議員会会長が続く。

連邦上院の場合も連邦下院とほぼ同じ構成になっている。上院の場合、議長は副大統領が務めることになるので、多数党、少数党共に院内総務が最高幹部であり、その下にやはり院内幹事が付く。連邦下院議長と上下両院の院内総務、この3人の言動が良くニュースで取り上げられる。

現在の議会指導部は以下の通りだ。連邦下院民主党指導部は、ナンシー・ペロシ連邦下院議長、ステニー・ホイヤー連邦下院多数党院内総務、ジム・クライバーン連邦下院多数党院内幹事、連邦下院共和党指導部は、ケヴィン・マッカーシー連邦下院少数党院内総務、スティーヴ・スカーリス連邦下院少数党院内幹事である。

連邦上院民主党指導部は、チャック・シューマー連邦上院多数党院内総務、ニック・ダービン連邦上院多数党院内幹事、連邦上院共和党指導部は、ミッチ・マコーネル連邦上院少数党院内総務、ジョン・スーン連邦上院少数党院内幹事である。

院内総務の仕事は、上下両院で同じだ。それぞれ民主、共和両党の所属議員たちのリーダーとして、政策や法案の審議日程、採決の日程などを調整し決定する。大統領の実行したい政策についても、議会指導部の政治家たちがホワイトハウスを訪問して、話し合いを行うこともある。連邦下院の場合は議長が多数党のリーダーであるので、院内総務は補佐役に回る。院内幹事は院内総務の補佐役として、実際の議会運営にあたる。院内幹事は「ウィップ whip」と呼ばれるが、これは「鞭《むち》」を意味する。所属議員たちを動かすために使う鞭ということである。

連邦議会指導部入りのためには、議会での経験を積むことや選挙に当選し続けることが条件となる。そのため連邦議会指導部は、ワシントン政治を熟知したヴェテランばかりということになる。ヴェテランたちは、所属政党は違っても、長年苦楽を共にしてきたこともあり、深いつながりを持っている。また、政策実現のために妥協や取引を頻繁に行う。そうしたところから、ワシントンのインサイダー、エスタブリッシュメントであり、「汚い政治」の実践者と見られる。

アメリカ国内では、時にワシントンの中央政治や連邦議会の仕事ぶりに対して、反対の機運が高まり、人々の怒りが政治を動かすことがある。それが、「ポピュリズム Populism 」と呼ばれるものだ。2016年のドナルド・トランプ大統領誕生は、これまでアメリカ史で起きてきた、ポピュリズムの伝統に属するものだ。アメリカのポピュリズムについて、副島隆彦は『世界覇権国アメリカを動かす政治家と知識人たち』（1999年）の中で次のように書いている。

アメリカでは、代議制・議会制を基本とする民主政体に対して民衆が不満と不信感にかられたとき、激しい直接行動に打って出ようという雰囲気になることがあるが、これを〝ポピュリズム〟Populism（民衆主義）の伝統と呼ぶ。特権化した議員たちに対する不信感を露《あらわ》にして、自分たちの代表を直接中央政界に送ろうとする。右左いろいろな型のポピュリズムがあるとされるが、主に保守的な白人中産階級の庶民たちによる反議会の民衆運動であることが多い。

これが吹き荒れることを、議会政治家やメディア言論人たちは大変憂慮する。そこには一種のアナーキー anarchy 、すなわち「無秩序＝秩序破壊」的なムードが大きく漂い、民主政体 democracy そのものの危機だと感じられる。

（『世界覇権国アメリカを動かす政治家と知識人たち』129－130ページ）

2016年の大統領選挙についてはさまざまな分析がなされてきた。「ヒラリーが楽勝のはずだったのに、どうしてトランプが勝って〝しまった〟のか？」というのが分析の際に出てくる疑問だ。それについて、引用部分以上の明快でかつ簡潔な説明は存在しない。トランプ出現はポピュリズムの伝統に沿ったものだったのだ。

ドナルド・トランプ大統領は最後の最後までワシントンではアウトサイダー、よそ者だった。国民はワシントンの中央政治に染まっていない人物をワシントンに送り込んだ。そして、トランプにワシントンの大掃除、「ドレイン・ザ・スワンプ〝Drain the Swamp〟（汚れ切った沼の水を抜いてきれいに掃除をする)」をやってもらおうとした。しかし、それに反対したのが、ワシントンの中央政界の住人たちであり、そこに民主党、共和党の違いはなかった。共和党内部にもトランプ反対勢力が数多くいた。

一方、民主党内部でも、ポピュリズムの動きが出ている。進歩主義派と呼ばれる若手の政治家たちが勢いを見せている。その代表格は、アレクサンドリア・オカシオ＝コルテス連邦下院議員（ニューヨーク州選出）だ。トランプもオカシオ＝コルテスも共にニューヨークで生まれ育った、というのは奇縁だ。

## 史上最高得票数で当選しながら不人気にあえぐバイデン新大統領

通常、アメリカ大統領が初当選すると、就任式から100日間程度（約3か月間）、4月末までは「ハネムーン期間（新婚期間）」と呼ばれる。新大統領は世論調査での国民の支持率が高く、マスメディアも政権が発足したばかりということで、手厳しい批判を行わず、「お手並み拝見」という状態になる。そのため、大統領と国民・マスメディアとの間には「揉《も》め事」がなく、新婚当初の「ラブラブ」期間ということになる。ハネムーン期間が終われば支持率は下がっていくのが通例だ。

ジョー・バイデン新大統領と国民の新婚生活は冷ややかなものである。アメリカの世論調査の老舗《しにせ》であるギャロップ社は、2021年2月4日に、「バイデン新大統領の支持率が57％（不支持率は37％）で、歴代の新大統領の平均である60％を下回った」と発表した。史上最高の約8100万票の得票で当選した大統領としては何とも寂しい結果だ。

2021年2月22日のギャロップ社の発表では支持率は微減の56％、不支持率は微増の40％となった。新型コロナウイルスへの対処については66％が支持し、不支持は31％という結果だ。新型コロナウイルス対策、ワクチン接種が始まり、バイデン政権の取り組みが評価されているという結果だが、全体としてのバイデンの支持率にはまったくと言ってよいほどに反映されていない。

日本でもバイデン大統領誕生への関心が低い。それをはっきりと示しているのが、出版界だ。これまでアメリカで新しい大統領が当選するとなると、その前から誰が当選するかを予測し、各出版社がその人物の自伝や伝記を翻訳し、当選とほぼ同時に発売していた。版権の取得や翻訳には数か月を要するので、少なくとも大統領選挙の夏ごろ、党の全国大会で候補者指名が決まる頃から準備を始めないと11月第1週の出版には間に合わない。

2016年の大統領選挙ではヒラリー・クリントン優勢ということで、ヒラリーの自伝や伝記が数多く準備されていた。ところが、「見込み違い」「番狂わせ」でトランプが当選してしまった。結局、多数用意していたヒラリー関連本を店頭に出すことができなかったという珍事件が起きた。各出版社はトランプ当選を見込んでいなかったため、トランプ関連本の準備をしておらず、中古のトランプ関連本の値段が高騰した。

今回のバイデン政権では、日米のメディアでバイデン当選が予測されていた。しかし、出版社はバイデンの自伝や伝記の当選に合わせての出版に二の足を踏んだ。今回、バイデンに関する本は店頭に並ばなかった。皮肉なことに、今、店頭に並んでいるのは元大統領のオバマの分厚い自伝とトランプに関する本ばかりだ。準備をしようと思えばできたはずなのに、どうしてこんなことが起きたのか。そもそも、アメリカでそして日本で、どうしてこんなにバイデンに人気がないのか。

まずは年齢のことがあるだろう。バイデンはアメリカ史上最高齢で大統領に就任した人物だ。すでに78歳、日本で言えば戦中生まれの後期高齢者である。日本で言えば、80歳の麻生太郎財務相や82歳の二階俊博《にかいとしひろ》自民党幹事長と同世代だ。良く言えば安定感のあるヴェテランとなるが、若々しさや清新さがまったく感じられないということがまずある。トランプが大統領選挙期間中に揶揄したように、「眠そうなジョー Sleepy Joe 」そのものだ。副大統領からの昇格以外で、アメリカの新大統領で、こんなに躍動感も期待感もない人物が就任したのは初めてではないかと思う。

それ以外に、バイデンは「トランプ大統領を落選させるため」の役割しか与えられていなかったということも人気の低調ぶりの理由である。バイデンは就任した時点で、すでにお役御免、「お疲れ様でした」ということなのだ。昨年（2020年）の夏にCBSニュースが実施した世論調査で、バイデン支持者に対して「バイデン氏を支持する理由は何ですか？」という質問をした。この質問に対して、50％が「トランプ大統領を倒すため」と答え、「バイデン氏が好きだから」と答えたのは27％にとどまった。トランプ支持者に対して同様の質問がなされたが、「トランプ氏が好きだから」と答えたのは68％だった。

トランプ大統領を倒せたら誰でも良い、ということであれば、バイデンに対する積極的な支持など生まれない。とりあえずトランプ大統領をホワイトハウスから追い出して、バイデンの仕事は終わった。バイデンは、スタートの時点で、すでに「一番大事な役割を終えた」大統領ということになる。

さらに言えば、今回のバイデン政権が「4年越しで成立したヒラリー政権」であるということが人々の気持ちを暗くしている。そしてこれがバイデンへの支持が広がらない根本的な原因でもある。2016年の大統領選挙で、あれだけ有利だ、優勢だと報じられたヒラリーだが、若者層の多くはヒラリーを支持せず、バーニー・サンダースを支持した。予備選挙でヒラリーが勝利し、民主党の候補者指名を受けることになった民主党全国大会でも、若者たちはヒラリーを非難する活動を続け、サンダースがなんとか宥《なだ》めようとしていた。しかし、全国大会の会場で、そして会場の外の路上で、若者たちは激しい抗議活動を続けた。民主党予備選挙から党の候補者指名を受ける全国大会にかけての抗議活動が、ヒラリーの勢いを止め、本選挙での落選に導いた。

若者たちは、「ヒラリーが大統領になれば戦争になる。学歴もなく仕事もない自分たちは軍隊に入るしか選択肢がない。戦争になれば真っ先に最前線に送られる」という危機感を持っていた。だからヒラリーが大統領に選ばれないように必死だったのだ。そして、結局、ヒラリーが大統領になることを阻止することに成功した。

しかし、4年後、ジョー・バイデン政権ができた。できてみたら、バイデン政権の外交や安全保障分野の重要な部分は、4年前にヒラリーが大統領になれば登用されていたであろう、危険な人物たちが占めている。「いよいよ戦争に向かうのか」という無力感や虚無感《きょむ》が人々の間に出てくるのは当然のことだ。

## ◆共和党支持者の中で人気が健在のトランプ前大統領

共和党支持者の間でドナルド・トランプ人気は不動だ。

ＣＢＳニュースは、２月５日から８日にかけて実施した世論調査の結果を、「弾劾裁判が始まり、過半数が有罪を望んでいるが、共和党支持者の多くはトランプへの忠誠を訴えている（Majority favor conviction as impeachment trial begins, but many Republicans urge loyalty to Trump — CBS News poll）」（２０２１年2月9日付）という記事として発表した。

この世論調査では、共和党支持者に対していくつかの質問がなされた。「トランプに対して忠実であることがどれくらい重要か」という質問に、「大変重要」と答えたのが46％、「多少重要」が27％、「そこまで重要ではない」が15％、「重要ではない」が12％だった。「トランプが新党を結成したら支持しますか？」という質問には「はい」と答えたのが33％、「おそらく」が37％、「いいえ」が30％だった。「トランプ弾劾に賛成票を投じた連邦議員について」という質問には、「忠実ではない」と答えたのが71％、「道義に基づいている」が29％だった。共和党支持者の中でのトランプ人気はまったく揺らいでおらず、健在であることが分かる。そして、トランプが新党を結成するということになれば、そちらを支持するという共和党支持者が多くいることが分かった。

この結果は共和党、特に反トランプやエスタブリッシュメント派にとっては衝撃となったに違いない。トランプ支持者たちにそっぽを向かれてしまえば、そもそも自分たちの選挙が危ないということになる。自分たちの選挙（連邦上院議員選挙や連邦下院議員選挙）で、トランプを熱烈に支持する対抗馬が出て、トランプ自身が「この候補者を私は支持します、皆さんもぜひ応援してください」と支持表明するということになったら、共和党の予備選挙の段階で負けてしまうこともあるし、本選挙になっても、トランプ支持者が熱心に動いてくれなければ、民主党の候補者に負けてしまうということもある。トランプ支持者たちは、戸別訪問（アメリカでは認められている）や選挙集会開催や参加など、選挙活動に熱心であることは2016年、2020年の大統領選挙でも見られた。

また、もし共和党支持者の3分の1でもトランプ新党への支持に回ってしまえば、共和党はホワイトハウス奪還どころか、連邦上下両院での過半数獲得も不可能ということになってしまう。それどころか、トランプ新党の勢いによっては、民主党、トランプ新党、そして共和党という順番で、第3党に転落してしまうことも考えられる。共和党は、生殺与奪《せいさつよだつ》の権をトランプに握られている。

しかし、トランプは新党結成を否定した。日本経済新聞２０２１年3月1日付記事「トランプ氏、24年大統領選出馬を示唆　新党結成は否定」によると、トランプは、保守派の政治集会である保守政治活動会議 Conservative Political Action Conference（ＣＰＡＣ）でのスピーチの中で新党結成の噂を否定し、共和党からの２０２４年の大統領選挙出馬を示唆した。また、２０２１年2月のトランプ弾劾に賛成した16名の共和党所属の連邦議員のうち、連邦上院と下院から1名ずつ名前を出して非難し、２０２２年の中間選挙で落選させるように訴えた。記事には次のように書かれている。

共和党で自身の弾劾に賛成した上下両院議員の名前を一人ずつ列挙し、党の候補を絞り込む予備選で排除する意向を示した。「ワシントンのエスタブリッシュメント（支配層）が私たちを黙らせようとしても、私たちが勝つ」と強調した。

トランプがＣＰＡＣで名前を挙げた共和党所属の連邦議員は、ミッチ・マコーネル Mitch McConnell（１９４２年－　79歳）連邦上院議員（ケンタッキー州選出）とリズ・チェイニー Liz Cheney（１９６６年－　54歳）連邦下院議員（ワイオミング州選出）である。この２人こそが共和党のエスタブリッシュメント派であり、反トランプ派を代表する中心人物であるのだとトランプは指弾《しだん》した。複数人での喧嘩の鉄則は相手の一番強い人間をまずやっつけることだと聞いたことがある。喧嘩慣れしているトランプは、他の雑魚《ざこ》どもはどうでも良い、反トランプ派の中でもこいつらをやっつければいいんだということで、マコーネルとチェイニーの名前を出したということになる。

## 民主、共和両党に共通する内部分裂——エスタブリッシュメント派対急進派（ポピュリズム派）

日本の政党に派閥 factions《ファクションズ》があるように、アメリカの民主、共和両党にも派閥がある。日本のような親分・子分関係のようなものではなく、政治的志向によって分かれている。民主、共和両党にはそれぞれまったく異なる考えを持つ政治家たちが所属している。リベラルな民主党に所属しながら保守的だったり、保守の共和党に所属しながらリベラルだったりということもある。両党ともに中道派と呼ばれる勢力が数を増やしている。

両党で勢力を増大させているのが、ポピュリズム派である。共和党側では、保守的なトランプ支持者、もしくはトランプのお蔭で当選できた議員たち、民主党側では、進歩主義派 Progressives《プログレッシヴス》と呼ばれる、左派、社会主義的な政策を主張する議員たちである。これらの勢力は急進派 radicals《ラディカルズ》とも呼ばれる。一方で、こうした勢力に入らない議員たちは、エスタブリッシュメント Establishment と呼ばれる。

副島隆彦は主著『世界覇権国アメリカを動かす政治家と知識人たち』の中でポピュリズムについて、先ほど引用した部分とは別に、次のように解説している。この記述は２０１６年のトランプ大統領出現を予言している。

庶民層はどこの国でも、公職につきながら上の方でふんぞり返って、自分たちに命令を下す特権的な権力者たちが嫌いである。デモクラシーの国アメリカは、とくにこの傾向が強い。アメリカの歴史の中では、時としてこのような庶民の不満が爆発する危険性をはらむが、これを〝ポピュリズム〟Populism（民衆主義）という。

民衆がこの議会制度不信の、過激な主張を行い自分たちで直接行動を起こす動きは、急進リベラル派の左翼的運動としてよりも、保守派の市民運動の中から湧き起こる場合が多いのである。たとえば失業している多くの低学歴のアメリカの若者たちの不満は、政府だけでなく、自分たちを雇用から締め出している労働組合にも向かうので、それは決して直線的な反体制運動になることはない。

（『世界覇権国アメリカを動かす政治家と知識人たち』３３８－３３９ページ）

トランプ大統領は、民主党ならばともかく、共和党内部にも多数の敵を抱えていた。四面楚歌《しめんそか》の状況が任期いっぱい続いた。アメリカの民衆は、ワシントンの大掃除、汚れ切った沼の大掃除のために、トランプをワシントンに送り込んだ。しかし、最初から最後まで、ワシントンのアウトサイダーであったトランプに対して、民主党、共和党両方のワシントンの住人たちは団結して反抗し、最終的にワシントンから追い出すことに成功した。

トランプを支持する共和党所属の連邦下院議員たちが集まっているのが、フリーダム（自由）議員連盟 Freedom Caucus《コーカス》である。フリーダム議連は２０１５年に保守派の議員たちが集まって創設された。創設者は２０１５年当時にサウスカロライナ州選出の連邦下院議員を務めていたミック・マルヴァニー Mick Mulvaney（１９６７年－　53歳）である。マルヴァニーはトランプ政権成立後、２０１７年から２０２０年まで行政管理予算局長に起用され、２０１９年から２０２０年まで、代行ではあったが、トランプ大統領の大統領首席補佐官を務めた。

フリーダム議連は、共和党内のエスタブリッシュメント派から嫌われている。２０１７年に共和党所属で連邦下院議長を務めたジョン・ベイナーがある雑誌のインタヴューで、フリーダム議連を「あいつらは何でも反対してばかり」と非難した。

一方、民主党内部の進歩主義派が集まっているのが、連邦議会進歩主義議員連盟Congressional Progressive Caucus（CPC）だ。こちらは1991年に当時連邦下院議員だったバーニー・サンダースが創設した。民主党所属の連邦上院、連邦下院両方の議員たちが集まっている議連だ。進歩主義議連はあまり勢力を伸ばせないでいたが、2018年の中間選挙の後、20名近くの議員が新たに加盟したことで、民主党内部でも大きな勢力となっている。国民皆保険 universal《ユニヴァーサル》 health《ヘルス》 insurance《インシュアランス》 や最低賃金時給15ドルを主張している。

この議連に所属しているアレクサンドリア・オカシオ＝コルテス Alexandria Ocasio-Cortez（1989年－　31歳　AOC）議員（ニューヨーク州選出）は新人議員ながら、グリーン・ニューディール法案を提出し、注目を集めた。2018年の中間選挙で初当選組の内、アレクサンドリア・オカシオ＝コルテスを含む、アヤンナ・プレスリー Ayanna Pressley（1974年－　47歳）議員（マサチューセッツ州選出）、ラシダ・タリーブ Rashida Tlaib（1976年－　44歳）議員（ミシガン州選出）、イルハン・オマル Ilhan Omar（1982年－　38歳）議員（ミネソタ州選出）、この4名の50歳以下の若い女性議員たちは「ザ・スクアッド

# 民主党内部の進歩主義派が集まる「連邦議会進歩主義議員連盟」

創設者
バーニー・サンダース

アレクサンドリア・
オカシオ=コルテス

アヤンナ・プレスリー

ラシダ・タリーブ

イルハン・オマル

**ミレニアル世代が目白押し**

The Squad」と呼ばれている。「squad」とは「部隊」という意味だ。スクアッドの議員たちは進歩主義的な政策を訴えるとともに、連邦下院民主党指導部の議員たちともやり合うなどして大変目立つ存在になっている。

## 連邦議会共和党指導部、特にミッチ・マコーネルに対する苛立《いら》ちが激しくなっている

ここで、トランプに名指しで批判されたミッチ・マコーネル Mitch McConnell（1942年－ 79歳）について取り上げたい。マコーネルは1985年にケンタッキー州選出の連邦上院議員となりそれ以来連続当選、現在7期目の大ヴェテラン政治家である。2003年から2007年まで、連邦議会多数党院内幹事を務め、2015年からは院内総務を務めている、2021年までは共和党が連邦上院で過半数を占めていたが、現在は少数党となっている。政治的な立場は中道からやや保守と言ったところである。

再婚相手のイレイン・チャオ Elaine Chao（1953年－ 68歳）は台湾出身で、8歳の時にアメリカに移住した。チャオの父親は海運会社を起こし成功を収めた。イレインは、1989年にはジョージ・H・W・ブッシュ政権の運輸副長官に起用され、2001年にはジョージ・W・ブッシュ政権で労働長官に就任した。そして、2017年のトランプ政権では運

トランプを支持する共和党連邦下院議員が集まる「フリーダム議員連盟」の創設者ミック・マルヴァニー

トランプの怒りを買って支持がた落ちのミッチ・マコーネル上院院内総務

2021年1月28日、フロリダのマーアラゴにトランプを訪ね、2022年中間選挙のためにトランプに協力を要請した、ケヴィン・マッカーシー下院院内総務

輸長官となった。チャオの一族は改革開放政策に舵《かじ》を切った中国にいち早く投資を行ったことで、中国本土の重要人物たちとの関係が深い。

ミッチ・マコーネルは共和党エスタブリッシュメント派に属しているが、妻が政権入りをしたこともあり、トランプ政権には協力的であった。トランプの移民政策や減税にも賛成してきた。2020年の大統領選挙後もしばらくは、バイデンを勝者と認めず、選挙に不正があったという姿勢を示していた。トランプとの関係は良好で、側近、盟友と呼べるような間柄であった。

しかし、2020年末にはバイデンを勝者と認め、協力関係を築くという発言を行い雲行きが怪しくなった。そして2021年1月の連邦議事堂進入事件に関してのトランプ弾劾が始まると、マコーネルの態度はより不明瞭なものになっていった。連邦上院での有罪か無罪かを決める投票に関して、態度をぎりぎりまではっきりさせなかった。また、共和党議員に対しては自分の良心に従って投票するように呼びかけた。

マコーネルは投票ではトランプはすでに大統領ではないので有罪には投票できないということで無罪に投票した。しかし、連邦議事堂進入を扇動したのはトランプで、大統領選の敗北を不正選挙のせいだと主張し続けて嘘をついたことについてトランプに道義的な責任があるとマコーネルは発言した。最後の最後、トランプがホワイトハウスを去った後で批判を始めた。

このマコーネルの態度の豹変、変節に対して、トランプも反撃に出た。「マコーネルは現状維持に終始し、政治的洞察力、知恵、スキル、個性も欠如している。結果として多数党院内総務から少数党院内総務へと瞬《また》く間に転落した」「私の訴えるアメリカ・ファーストの政策提案こそが勝利するのであって、マコーネルの〝ベルトウェイ・ファースト〟やバイデンの〝アメリカ・ラスト〟は勝利しない（ベルトウェイとはワシントンDCの環状高速道路の意味で、ワシントン政治を指す）」「共和党は彼マコーネルの指導では勝つことができない。国にとって必要なことや正しいことを実行しない。必要ならば、私は中間選挙の共和党予備選において、米国を再び偉大にする Make America Great Again の考えとアメリカ・ファーストの政策を支持する対立候補を支援する」といった発言でマコーネルを批判した。また、同僚の共和党所属の議員たち、特に2022年に選挙を控える議員たちからは「マコーネルの発言は共和党の総意を示すものではない」という批判が出ている。

トランプのマコーネルに対する反撃が出てから、マコーネルの地元ケンタッキー州でのマコーネルへの支持率は下がっている。2020年11月の選挙直前のケンタッキー州での世論調査の結果では、共和党支持者の70％がマコーネルを支持していたが、1月末の世論調査の結果では41％にまで急落している。「トランプに逆らう者は選挙に勝てない」という状況を示している。

連邦下院共和党指導部のケヴィン・マッカーシー下院院内総務とスティーヴ・スカーリス下院院内幹事は、どっちつかずの態度を貫いている。マッカーシーはトランプが大統領になって以来、トランプに対して忠実に行動し、２０１７年の減税法案成立に尽力した際には、トランプが「私のケヴィン My Kevin」と呼んだほどだった。しかし、大統領選挙後、勝者はバイデンであると認め、また、1月の連邦議事堂進入事件の際にはトランプに責任があると発言し、両者の関係は悪化すると見られていた。

ところが、1月末にマッカーシーはフロリダ州マーアラゴにある高級リゾートにトランプを訪問し、会談を持った。テーマは２０２２年の中間選挙についてだった。マッカーシーは、共和党の選挙の勝利のためにはトランプの力が必要不可欠であることを分かっていて、トランプを批判する姿勢を見せながら、最終的にはトランプに恭順の意を示すという複雑なことをやった。トランプもそこをよく分かっていて、マッカーシーを受け入れたのだろう。政治的なセンスで言えば、マコーネルよりもマッカーシーのほうが上だ。

マコーネルは年齢的なことを考えれば今季限りで引退と決め、自分の選挙が終わった段階で、トランプ批判に転じたということが考えられる。実際に今年3月にはマコーネルが引退を計画しているという報道も出た。もう選挙に出ないのであれば、トランプに従う必要もない。しかし、マコーネルの後継者はトランプに対して忠実であることを示さねばならない。予備選挙に出る人々はトランプへの忠誠心表明競争となるだろう。

## 保守派を代表する政治家と呼ばれるリズ・チェイニーはディック・チェイニーの娘

アメリカ連邦下院共和党指導部で序列3位の共和党所属連邦下院議員会会長の地位に就いているのが、ワイオミング州選出のリズ・チェイニー Liz Cheney（1966年－54歳）議員だ。苗字を見てピンとくる人も多いだろうが、リズ・チェイニーは、ディック・チェイニーの長女だ。ディック・チェイニー Dick Cheney（1941年－80歳）は、ジョージ・H・W・ブッシュ（父）政権で国防長官を務め、ジョージ・W・ブッシュ（子）政権では副大統領となった。チェイニーは、息子のブッシュ政権では、ネオコン派の総帥として、実質大統領として、イラク戦争を主導し、アメリカを泥沼に引きずり込んだ張本人だ。リズはその父親の影響を強く受けている。

リズは、コロラド大学を卒業後、父親ディックがブッシュ（父）政権で国防長官を務めていた時期、国務省と米国国際開発庁（ＵＳＡＩＤ）に勤務していた。ＵＳＡＩＤについては第2章で詳しく取り上げた。その後は、父親とはネオコン仲間で、ブッシュ（子）政権で国務副長官を務めたリチャード・アーミテージ Richard Armitage（１９４５年－　75歳）が作ったコンサルティング会社アーミテージ・アソシエイツに入社した。

その後リズは、シカゴ大学法科大学院に進み、法律を学ぶとともに、中東史を学んだ。卒業後は弁護士となり法律事務所に勤務したが、すぐに政府に戻り、古巣の国務省の特別顧問や、ＵＳＡＩＤ要員としてポーランド米国大使館に勤務した。

父親が息子のブッシュ政権で副大統領になると、近東担当国務次官補代理となり、２００4年の大統領選挙では父親の選対に入り、その後２００５年には、筆頭国務次官補代理（近東担当）として国務省に復帰した。

リズは、２０１４年にワイオミング州選出連邦上院議員選挙に出馬しようとして断念したが、２０１６年の選挙で連邦下院議員選挙に当選した。それから3期連続して当選中だ。

ワイオミング州には、連邦上院議員が規定通りに2名が配分されている。連邦上院は人口に関係なく各州2名の議員を出すとアメリカ合衆国憲法に定められている。一方、連邦下院

# トランプ弾劾に賛成票を投じ、地元ワイオミング州で総スカンを食らっているリズ・チェイニー 父親はネオコンの総帥ディック・チェイニー、母親は防衛産業との癒着が深いリン・チェイニー

母リン・チェイニー

父ディック・チェイニー

リズ・チェイニー（1966 - ）

議員は人口比率に応じて各州に配分され、人口の少ない州のワイオミング州の場合は、全体で1名である。その1名にリズは当選した。これはもちろん、父親の威光である。

ほとんどの州では連邦上院議員の数よりも連邦下院議員の数のほうが多い。また、全体で見ても、連邦上院は議員定数が100名であるのに対し、連邦下院は435名である。アメリカ大統領選挙の選挙人数は各州の連邦議員数の合計の数となる。最大のカリフォルニア州は選挙人数55名であるが、連邦上院議員2名と連邦下院議員53名の合計数となる。チェイニー家の地元ワイオミング州は全米で最小の3名であるが、これは連邦上院議員2名と連邦下院議員1名の合計ということになる。

ワシントンにある高級レストランのウエイターたちは、連邦上院議員の顔と名前はすぐ覚えることができるが、連邦下院議員の顔と名前は覚えていないということがあるようだ。また、連邦下院は2年ごとに全議席で選挙が行われ、議員の入れ替わりが激しいので、いちいち当選回数の少ない下院議員の名前など覚えていられないということでもあるようだ。

リズの父親ディックもワイオミング州選出の連邦下院議員を6期務めた。その前にはジェラルド・フォード政権（1974－1977年）で大統領次席補佐官と首席補佐官を務めた。

その後、連邦下院議員に立候補し、当選した。下院議員在任中（1979－1989年）、連邦下院共和党指導部序列3位の共和党連邦下院議員会会長（1987－1989年）、序列第2位の連邦下院少数党（共和党）院内幹事（1989年）をそれぞれ務めた。

娘リズは現在連邦下院議員の3期目（2017年初当選）を務めているが、200名以上いる共和党所属の連邦下院議員の中で、2期目の2019年から序列3位の議員会長を務めている。父親よりも共和党指導部での昇進が早い。これはもちろん、父親ディックの存在がバックにあるからだ。リズは共和党保守派の若きホープと言われるようになっている。彼女もまた父親の系譜に従って、ネオコン派である。そして、リズ・チェイニーは連邦下院議長の地位を狙っている。

リズの父ディック・チェイニーと母リン・チェイニー Lynne Cheney（1941年－79歳）は共に防衛産業に深くかかわっている。ディック・チェイニーは、1995年から2000年までハリバートン社最高経営責任者を務めた。ハリバートン社は世界最大の石油掘削機の販売会社であり、イラクの復興支援事業やアメリカ軍関連の各種サービスも提供している。そのため、イラク戦争後には巨額の利益を上げている。ディック・チェイニーはハリバートン社の最大の個人株主であり、戦争によって個人的に株主として多額の配当による利益を受け取った。リン・チェイニーは1995年から2001年までロッキード・マーティン社の役員を務めた。

娘リズが短期間で連邦下院共和党指導部内の地位を上昇させているのは、こうした家族ぐるみの防衛産業とのつながりによる資金力ということもあると考えられる。

『ポリティコ』誌は、2020年6月30日付で、ウェブサイトに「チェイニーがトランプと戦う（Cheney takes on Trump）」（メラニー・ザノナ記者）という記事を掲載した。記事の中身は、「リズ・チェイニーは共和党の中で、トランプに対して激しく反対し、批判をしている。彼女はそうした動きを続けることで、党内保守派を代表する政治家になり、党内での影響力と地位を上げていくだろう」というものだ。

『ポリティコ』誌はリベラルな政治専門誌で、共和党の議員を褒めるというのはなかなかないことだ。『ポリティコ』誌は、アメリカのメディアのご多分に漏れず、長くトランプ批判を展開してきた。リズ・チェイニーは、敵の敵は味方ということで、「共和党の台頭するスター」「チェイニーという名前は保守主義の象徴」と過剰な褒め方をしている。

リズ・チェイニーは保守主義の象徴という言葉は間違いで、正確には危険なネオコンの象徴である。そのため、リズはトランプ大統領のアイソレイショニズムを批判し、トランプ弾劾には進んで賛成票を投じてきた。リズ・チェイニーのこうした動きに対して、共和党内部には不満が募っている。

## トランプ攻撃の急先鋒となったリズ・チェイニーへの反発

リベラル派の政治雑誌『ポリティコ』誌がリズ・チェイニーに注目し、褒めたのは、「トランプを攻撃する急先鋒であった」からである。トランプを攻撃する者、反対する者はすべて味方であり、褒めるということである。リズはやがて、共和党内部のトランプ攻撃の急先鋒ということになった。

一方、トランプはリズ・チェイニーに対して反撃することもなく、逆にたびたびホワイトハウスでのイヴェントに招待して、その席上で、「チェイニー議員の将来は、無限に広がっている。ワイオミング州の皆さんは、リズが皆さんの代表であることを幸運だと思っていることだろう」と発言したこともある。

リズ・チェイニーは主に外交や安全保障の面でトランプを攻撃した。トランプ大統領は在外米軍の削減、特にドイツ駐留の米軍の削減を進めようとした。これに対して、リズは「危険なほどに見当違い」と激しく反対した。また、アメリカ軍将兵のシリアからの撤退計画については「破滅的な誤り」だと酷評した。イランがアメリカのドローンを撃ち落とした際には、「トランプ大統領がこれに対して報復をしないならそれは深刻な過ちだ」と批判した。

チェイニーは、トランプが新型コロナウイルス感染対策をおろそかにしているとも批判していた。そして、父親ディック・チェイニーを使ってトランプをおちょくった。父親ディックにマスクをさせてその様子を写真に撮り、「ディック・チェイニーはマスクをつけようと言っている。#realmenwearmasks 」というキャプションをつけてツイートをした。タグと呼ばれる「#」の印が付いた言葉が重要で、これは「本物の男だったらマスクをつける」という意味である。「男らしさ manhood 」というテーマでトランプをおちょくって見せた。大統領選挙後には「大統領選挙の結果を受け入れてバイデンを勝者と認めるべきだ」とも発言した。

こうしたリズ・チェイニーの動きにはあまり反応しなかったトランプだったが、大統領選挙についてはは反応を示し、「悪いね、リズ、投票に関して多くの不正なカウントがあったので、選挙の結果を受け入れることができないんだ。これらの不正のおかげで選挙の結果は簡単に覆されたんだ」「君は、私がアメリカ軍の将兵を母国に戻していることに大いに不満なんだろう」とツイートした。

トランプはリズを余り相手にしなかったが、トランプ派の連邦下院議員たちが集まるフリーダム議連は、リズ・チェイニー議員全議席の選挙も行われた。２０２０年の大統領選挙と同時に、連邦下院議員全議席の選挙も行われた。連邦下院では民主党が過半数を維持したが、共和党は10議席以上も議席を増やし、躍進となった。選挙後の２０２０年11月17日に共和党所属の連邦下院議員は会議を開いて、共和党指導部は現行のままで維持すると決定された。その前日の16日、トランプ支持派の下院議員たちが集結しているフリーダム議員連盟が会合を持ち、そこにマッカーシー院内総務、スカーリス院内幹事、チェイニー議員会会長の指導部3名が出席した。この会合の席上、チェイニーは多くの批判を浴びた。

チェイニーは、共和党の予備選挙で現職議員に対抗して出馬した候補者を応援したことで、党内に摩擦を生み出してしまったことを謝罪し、二度とこのようなことを行わないと約束させられた。この現職議員はトランプ大統領の政策に反対する動きをし、トランプ大統領からツイッター上で落選して欲しいと名指しで書かれていた。チェイニーは「だから、私はこの現職の対抗馬を応援したのだ」と釈明した。フリーダム議連はトランプ自派の集まりなので、このような言い訳をして何とか逃げようとした。この時はリズ・チェイニーが謝罪し、これから指導部の一員として党内融和に努めると約束をしたということで一旦は収まった。

2021年1月13日、1月6日に発生した連邦議事堂進入事件に関連して、トランプ前大統領への弾劾 Impeachment《インピーチメント》 で、連邦下院で訴追するかどうかの採決が行われた。民主党が過半数を握っているので、訴追は確実であったが、問題は共和党から賛成する議員が出るかどうかだった。結果は共和党側からリズ・チェイニーを含む10名が賛成票を投じた。フリーダム議連から、議員辞職と議員会会長の辞任を求める声が上がった。

2021年2月3日、共和党連邦下院議員会は非公開の会合を開いた。その席上、リズ・チェイニーを会長から解任するかどうかの秘密投票 secret-ballot vote が実施された。結果は、145対61で留任が決まった。フリーダム議連の議員たちと少数の議員たちが留任反対の票を投じ、エスタブリッシュメント派の議員たちは留任賛成票を投じたということになる。これがもし誰がどのような投票をしたかが分かる公開選挙だったら、結果は違っていたことだろう。賛成票を投じた議員たちは、チェイニー家と軍事産業との関係から生み出される資金力にも期待して、賛成の投票を行ったのだろう。しかし、賛成の投票を行ったことが支持者にばれると激しく非難され、次の選挙が危ないので、秘密投票だったことを利用して「自分は反対に投票したんですけどね」と言い訳をするということができる。政界で生き残るというのは大変なことだ。

2月6日にチェイニーの賛成投票に対して出身州であるワイオミング州共和党支部が非難声明を出し、議員辞職を求めた。リズ・チェイニーは議員辞職を拒絶し、非難声明で書かれている内容は誤っていると主張した。ワイオミング州での世論調査を見て見ると、リズ・チェイニーがトランプ弾劾に賛成票を投じた後の調査では、共和党支持者の73%、全有権者の62%が彼女の投票行動を支持しないと答えていた。リズ・チェイニーの支持率は大きく下がっている。2020年の大統領選挙ではワイオミング州ではトランプがバイデンを相手に大勝した州である。そのトランプに対して同じ共和党であるリズ・チェイニーが弾劾で賛成票を投じるというのは裏切り行為だと考える有権者が多い。

リズ・チェイニーは連邦議会共和党指導部内で地位を上げ、いつの日か連邦下院議長（大統領権限継承順位は第2位、1位は副大統領）という要職を占めようとしている。しかし、トランプ攻撃を行ったことで、地元の有権者たちには不信感を持たれ、連邦議会共和党内部ではフリーダム議連、そしてトランプという強敵を作ってしまった。父親のディックもいつまでも元気で長生きという訳にも行かない。親の威光がなくなったリズの未来は無限に広がっているという訳にはいかない。

## ⬟バーニー・サンダースを「発見」した若者たち

バーニー・サンダース Bernie Sanders（１９４１年－　79歳）は、２０１６年のアメリカ大統領選挙で多くの若者たちからの支持を得て、民主党予備選挙でヒラリー・クリントンを追い詰めた。この「若者たちの反乱」は最後までヒラリーに祟《たた》ることになった。若者たちの激しい批判に対してヒラリー陣営が有効な反論や反撃を行えなかったために、民主党支持者たちの間で本選挙に向けて雰囲気が盛り上がらず、ヒラリーをはじめとするエスタブリッシュメントへの嫌気から、トランプへ投票する民主党支持者も出るほどになった。

それでは、サンダース支持の若者たちとはどういう人たちを言うのか。アメリカの政治分析や社会分析で世代を使ったものがよく見られる。人口をいくつかの世代グループに分類するものだ。アメリカでの世代分けは次のようになる。第２次世界大戦直後の１９４６年から１９６４年までに生まれた人々が属するベイビー・ブーム世代 Baby Boomers、１９６５年から１９８０年までに生まれたX世代 Generation X、１９８１年から１９９６年までに生まれたY世代 Generation Y、１９９７年から２０１５年までに生まれたZ世代 Generation Z である。Y世代から下、現在40歳から下の人々が若者ということになる。

このY世代は２０００年代に成人したということもあり、ミレニアル世代 Millennial《ミレニアル》 Generation《ジェネレイション》 とも呼ばれている。この世代に属するのが、アレクサンドリア・オカシオ＝コルテス連邦下院議員（１９８９年－　31歳）やピート・ブティジェッジ運輸長官（１９８２年－　39歳）である。この世代の特徴は、自分たちの生活は両親や祖父母の時代よりもよくなることはないと考えているという点だ。日本でも若者で達観した人々を「さとり世代」などと呼んでいるがそれに似ている。また、民主政治体制や資本主義に対して不信感や疑念を持っている人たちも多い。経済誌の『エコノミスト』誌は、「ミレニアル世代の社会主義 Millennial Socialism」という特集を組み、アメリカやイギリスの若者たちの多くが社会主義的な政策を支持していることを取り上げた。

そうした若者たちは、イギリスで言えば労働党党首となったジェレミー・コービン Jeremy Corbyn（１９４９年－　71歳）、アメリカで言えばバーニー・サンダースを「発見」

し、熱心に応援するようになった。サンダースもコービンも首尾一貫して理想主義的な主張を貫いてきた。エスタブリッシュメントの妥協的で現実的、時には汚れて見える姿勢を嫌悪する若者たちにはそれが輝いて見えた。

1941年生まれのサンダースは、アメリカの60年代のヒッピー文化にどっぷりとつかった世代である。シカゴ大学を卒業後は仕事を転々とし、ヴァーモント州に移住した。1981年から移住先のヴァーモント州バーリントン市長を務めた。その時から「社会主義者《ソーシャリスト》」を自認し、住宅開発や都市中心部の再開発を進めた。1991年から2007年まで8期連続でヴァーモント州選出の連邦下院議員を務めた。下院議員在職中の2006年に連邦上院議員選挙に当選し、2007年から連邦上院議員を務めている。

2016年の大統領選挙で一躍脚光を浴びたサンダースだが、彼自身の政治姿勢はまったく変わらず、ずっと「社会主義者」を自称して頑固に平等主義的な政策を訴え続けてきた。また、アメリカの対外戦争や米軍の海外派遣にも反対してきた。イラク戦争にも反対票を投じた。

2016年アメリカ大統領選挙はヒラリー・クリントンの楽勝という雰囲気であった。民主党予備選挙を軽く勝ち上がり、本命不在の共和党の候補者にも圧勝すると思われていた。そうした中で、ヒラリーの躓《つまず》きとなったのは、民主党予備選挙で、バーニー・サンダース連邦上院議員に大苦戦したことであった。2月に予備選挙の投開票が始まって、3月に多くの州で同日に投開票が実施されるスーパーチューズデーが過ぎても、サンダースが善戦し、予備選挙は続いた。サンダースが最終的に敗北を認め、支持を表明したのは7月に入ってからだった。ヒラリーは予想外の大苦戦を強いられることになり、ヒラリーの楽勝ムードは消え去った。

その間に、共和党側でどんどん支持率を伸ばし、予備選挙で快進撃を続けたのが、立候補表明時点ではまったく有力視されていなかったドナルド・トランプだった。それでも、ヒラリー陣営にも民主党側にも「いくら何でも、あんなキワモノのトランプに負けるはずがない」という雰囲気は残っていた。

予備選挙でサンダース相手に予想外の大苦戦を強いられる一方、有力候補はいないと考えていた共和党側で、ドナルド・トランプが支持を伸ばしているという状況に、ヒラリーは焦ったのか、やってはいけないこと、つまり選挙不正をしてしまい、それが暴露されるということになってしまった。

## ⬟民主党全国委員会による選挙不正のために支持者の不信感が高まる

2016年の大統領選挙では、ヒラリーが民主党の候補者指名を受ける手筈になっていた民主党全国大会 Democratic National Convention で、バーニー・サンダース支持の若者たちが全国大会の会場の内と外で大規模でかつ激しい抗議活動を展開した。すでに敗北を認めていたサンダースはそうした若者たちに共和党側のトランプに勝つため、ブーイングや抗議はせずにまとまってヒラリーを応援して欲しいとお願いをする異常な事態になった。それでも、全国大会の会場ではヒラリーに対する抗議の声が収まることはなかった。

若者たちを中心にヒラリーに対する抗議活動が大きくなったのは、民主党予備選挙を管理運営する民主党全国委員会が選挙で不正を行っていたことが明らかになったからだ。

2016年7月25日から民主党全国大会が開催されることになっていた。その直前の7月22日に、内部告発サイト「ウィキリークス WikiLeaks」が約2万通のEメールを公表した。この中に、民主党全国委員会委員長のデビー・ワッサーマン・シュルツ Debbie Wasserman Schultz（1966年－　54歳）連邦下院議員（フロリダ州選出）と全国委員会のスタッフたちがサンダースの評判を下げるための作戦について打ち合わせたり、ヒラリー陣営に批判への対処法を伝授したりといった内容のEメールが含まれていた。公正公平な選挙を実施する主体である民主党全国委員会が全体でヒラリー当選、サンダース落選のために動いていたことが明らかになった。

そうした中で、副委員長を務めていたトゥルシー・ギャバード Tulsi Gabbard（1981年－　40歳）連邦下院議員（ハワイ州選出・当時）は、予備選挙の初期段階で、サンダース支持を表明し、特定の候補者を支持する自分が全国委員会の要職に留まるべきではないとして辞任していた。こうしたこともあり、サンダース支持者たちは、民主党全国委員会がヒラリーに肩入れをしている疑惑があるとして、ワッサーマン・シュルツの委員長辞任を強く求めていた。全国委員会がヒラリーに肩入れし、サンダースを落選させようとしていたことが証拠付きで暴露され、本当のことだったと分かり、サンダース支持の若者たちの怒りは頂点に達した。

民主党を長年支えてきた熱心な支持者や活動家たちから造反の動きが出た。そこで、党全国大会の前日、ワッサーマン・シュルツは大会後に全国委員会委員長を辞任すると発表して、事態の鎮静化を図ろうとしたがまったく効果がなかった。不可解なのは、これだけのスキャンダル、不正事件を引き起こしたワッサーマン・シュルツが現在も連邦下院議員を務めていることである。２００５年から連続当選を続け、現在9期目を務める大ヴェテランになっている。これは資金面も含めて民主党エスタブリッシュメント、そしてヒラリーがかなり手厚い支援をしているということが考えられる。

こうした自浄作用のなさも含めて、民主党に対して、一部の支持者は失望を募らせている。そして、アメリカの有権者の多くに「民主党なんて散々綺麗ごとばかり言っているけど、実際には汚いことも平気でやる人たちが牛耳《ぎゅうじ》っているのだ」という印象を与えた。２０２０年の大統領選挙で、「不正選挙があった」という主張に説得力があり、多くの人々が信じたのも、こういう「前科」があったからだ。

## ⬟アレクサンドリア・オカシオ＝コルテス当選は全米を驚かせた

サンダースが率いる民主党進歩主義派のアレクサンドリア・オカシオ＝コルテス（ＡＯＣ）は、民主党の若きスターである。

アレクサンドリア・オカシオ＝コルテスは２０１８年の中間選挙で、ニューヨーク州第14選挙区の連邦下院議員選挙民主党予備選挙で10期連続当選していたジョセフ・クローリーJoseph Crowley（１９６２年－　59歳）を破って、民主党候補者となった。この選挙区は貧困層が多く住み、民主党の堅固な地盤である。民主党の候補者になれば本選挙でも当選は確実である。そして、ＡＯＣは29歳で連邦下院議員となり、史上最年少の女性当選者となった。

これは全米を驚かすニュースとなった。クローリーは選挙の強さで知られ、連邦下院民主党指導部の民主党連邦下院議員会会長を務め、連邦下院議長を狙う立場にあった。連邦下院議員選挙は２年おきに全議員を対象に実施されるため、選挙が終わればもう次の選挙のために動かねばならないというほどに過酷だ。また、連邦上院議員に比べて挑戦しやすく、常に戦いを強いられ、選挙区に戻って地盤を固めねばならないということもある。多くの議員はまず若手時代に挑戦者に負けて落選したり、４期や５期も務めればヘトヘトになったりで、議員を引退する。その後は、議員時代の経験や人脈を活かしてロビイストに転身したり、ビジネスの世界に入ったりする。

クローリーは選挙に強い大物としてアメリカ政界でも良く知られた存在で、無名の若い候補者ＡＯＣに不覚を取るなどということは誰も考えていなかった。クローリーの選挙資金は数億円規模、地盤もしっかり確保していた。一方、アレクサンドリア・オカシオ＝コルテスは地盤もなく、知名度もなく、選挙資金は数百万円を用意するのが限度だった。それでもナップサックにチラシを詰め、駅前で配るところから選挙戦を始めた。

クローリーは選挙区での候補者討論会に自分の代理でスタッフを出席させるような有権者を「舐《な》めた」態度を取ったり、ウォール街との関係が囁《ささや》かれたりで、AOCが選挙運動を始めてからは、貧困層が多く住む選挙区ということもあり、「クローリーは自分たちの代表にふさわしくない」という雰囲気が醸成《じょうせい》されていった。

アレクサンドリア・オカシオ＝コルテスはインターネットを駆使した選挙戦も行った。歌手のミュージックヴィデオ風の映像（タイトルは「変えるための勇気 The Courage to Change」）を作り、人々にそれをツイッターやフェイスブックなどSNSで共有、拡散してくれるように呼びかけた。そして、若者層を中心に知名度を上げていった。AOCの選挙のためのPR映像を作成したのは、Means of Production《ミーンズ オブ プロダクション》（日本語に訳すと「生産手段」）という左翼系の映像会社であった。AOCはSNS時代の政治家である。

アレクサンドリア・オカシオ＝コルテスは1989年にニューヨークのブロンクスで生まれた。母親がプエルトリコからの移民で、労働者階級の家庭で育った。奨学金を得てボストン大学に進学したが、大学2年生の時に父親を病気で亡くした。大学卒業後にはニューヨークに戻り、出版社を立ち上げた。しかし、生活は苦しく、レストランのウエイトレスやバーテンダーの仕事も掛け持ちしていた。

転機となったのは2016年の大統領選挙民主党予備選挙でバーニー・サンダース陣営に参加して選挙運動を行い、さらには選挙後にアメリカ各地を旅し、環境保護や人権保護のために戦っている人々に触発され、連邦下院議員選挙に挑戦する決心をした。その後、地元ニューヨーク市のブロンクス地区で地道な活動を行い、大物現職議員だったクローリーを破ったことは紹介した通りだ。

2016年大統領選挙のバーニー・サンダース選対の幹部たちが2017年に作った政治団体「ジャスティス・デモクラッツ Justice Democrats」は、進歩主義的な連邦議員を当選させようと運動している。その象徴がアレクサンドリア・オカシオ＝コルテスである。2018年の中間選挙で4名の新人連邦下院議員を誕生させた。3名は現職連邦議員で、合計で7名の進歩主義的議員が当選した。2020年の選挙では2018年に当選した7名に加えて、3名の新人議員を当選させた。

現職議員がいる選挙区に、進歩主義派の候補者を予備選挙に出して、選挙運動を通じて激しく批判するというやり方には、民主党内部に不満が高まっている。２０１９年にバラク・オバマはヨーロッパ各国を訪問した。各地で講演会を行ったのだが、ドイツのベルリンでの講演会で、進歩主義派に対しての不満をぶちまけた。「イデオロギー的な純粋性ばかりを追い求め、各地に銃殺隊を回らせる circulating firing squads」ようなやり方をしてはいけない、とオバマは発言した。「銃殺隊《ファイアリング・スクアッズ》」という言葉は、共産主義国家や全体主義国家で反対者を殺害する秘密警察や治安部隊を連想させる。また、ＡＯＣを含む民主党進歩主義派の女性議員たちの総称「スクアッド」にも掛けての発言であった。

進歩主義派の議員や支持者たちは、オバマ自身やオバマ政権に参加した人々に対して、「変化 change と言っていたのに、何も変わらなかった」という批判をしている。オバマたちはこの批判に対して、「理想と現実のバランスを取ることが大事で、段階を踏んで理想を実現していかねばならない。そのためには妥協も必要だ」と反論している。

ジャスティス・デモクラッツが当選させた10名とその他の連邦下院議員79名、そして、連邦上院議員であるバーニー・サンダースは、連邦議会進歩派議員連盟に参加している。この議員連盟は１９９１年に当時連邦下院議員に当選したばかりのサンダースが６名の下院議員と創設した議員連盟である。それが今では、90名の大所帯となっている。

進歩主義派のリーダーはバーニー・サンダースであり、その躍進のシンボルはアレクサンドリア・オカシオ＝コルテスということになる。エスタブッシュメント派はこの進歩主義派の動きを無視することはできない。進歩主義派はさまざまな要求を行い、活動を行っているが、エスタブリッシュメント派と衝突することがたびたび起きている。

## ⬟農務長官をめぐる人事や最低賃金をめぐる民主党内の攻防

バイデン政権の組閣の際、進歩主義派の議員たち、そしてアフリカ系アメリカ人の議員たちは、アフリカ系アメリカ人で女性のマルシア・ファッジ Marcia Fudge（1952年－68歳）連邦下院議員（オハイオ州選出）の農務長官 Secretary of Agriculture の起用をバイデン大統領に要求した。農務長官になるには、農業州出身の白人男性、自身も農業をやっていた経験を持つ、もしくは農業州の知事を務めるなど地方政治に理解があるなどの不文律が存在している。進歩主義派とアフリカ系の議員たちはまず人種と性別でこの壁を破るべきだと主張した。

加えて、進歩主義派の議員たちは、農務長官の職務について、これまでの農業振興や農業保護よりも、貧困層の飢餓 starvation《スタヴェイション》 対策を行うべきだと主張し、そのためには、農業州出身の白人男性（総体的に保守的）ではそのような職務を果たすことができないので、マイノリティを起用すべきだと主張していた。農業予算を使って、貧困層のために食料を配れということを進歩主義派は要求した。農業州は全体的に保守的であり、これは虫が何とも良すぎる話ということになる。

バイデンは最終的に、トム・ヴィルサック Tom Vilsack（1950年－　70歳）を農務長官に起用した。ヴィルサックはオバマ政権の8年間でも農務長官を務めた経験を持つ。農業州であるアイオワ州の州上院議員や州知事も務めた。これまでの農務長官の条件に沿った人物ということになる。バイデンは進歩主義派の要求を退けたが、進歩主義派とアフリカ系の議員たちが推していたファッジは住宅都市開発長官 Secretary of House and Urban Development への起用となった。これで妥協して欲しい、納得して欲しいという意図が透けて見える人事である。この人事については進歩主義派とアフリカ系の議員たちは批判したが、徹底的に反対というところまではいかなかった。

２０２１年3月5日、連邦上院は、連邦上院予算委員長を務めるバーニー・サンダース議員が提出した、最低賃金minimum wages《ミニマムウエイジズ》を15ドルに引き上げる法案を否決した。この法案は、全米共通で最低賃金を時給で15ドルに引き上げることを目的としたものだった。アメリカでは現在最低賃金は7ドル25セントと定められているが、州によってはそれより高い金額を設定しているところがあり、州によってばらつきがある。

サンダースや進歩主義派の議員たちは選挙期間中も最低賃金の15ドルへの引き上げを訴えてきた。「ファイト・フォ・フィフティーン・ダラーズ Fight for $15」という運動も展開してきた。一方、各州ではそれぞれ経済力に差があり、また大都市と地方では物価水準が異なるので全国一律の基準の導入はすべきではないという反対意見が、経営者の負担を重視する共和党だけではなく、民主党内部にも根強くあった。

最低賃金15ドル法案の採決では、7名の民主党所属議員と民主党と会派を組む無所属議員1名が反対投票を行った。共和党側は全員反対だったので、58対42で否決された。民主党支持者や議員たちの中には、伝統的に保守的な人々がいる。そうした人々は「ブルードッグ Blue Dog」と呼ばれている。ブルードッグは進歩主義派とは対立する関係になる。

バイデン政権は気候変動問題への取り組み、新型コロナウイルス感染拡大対策、格差対策、人種憎悪による犯罪（ヘイトクライム）対策などで、進歩主義者寄りの姿勢であるという批判が共和党や民主党内の保守派から出ている。しかし、急進主義派に対抗する勢力もあり、彼らの思い通りにはなっていない。これからもっと大きな問題である、国民皆保険導入を進歩主義派が主張するとなれば、民主党内部に大きな分裂が生み出されることが予想される。

## ◆民主、共和両党の急進派の伸びは人々の怒り、ポピュリズムによるものである

アレクサンドリア・オカシオ＝コルテスが表舞台に登場した２０１８年の夏ごろ、私はある雑誌に原稿を依頼され、アレクサンドリア・オカシオ＝コルテスについて記事を書いた。その中で、「アレクサンドリア・オカシオ＝コルテスの登場は、２年前のトランプ大統領当選と原因は同じだ。別々の現象のように見えるが、現在の厳しい状況、既成政党、ワシントン政治に対する人々の失望が怒りとなり、それが大爆発したことが原因だ」と書いた。

人々の怒りがポピュリズムという形で出てきて、ワシントンに緊張をもたらしている。民主党、共和党それぞれの内部に、ポピュリズムに呼応した勢力が出現し、力を伸ばしている。エスタブリッシュメント派は戦々恐々としている。せっかく、ポピュリズムの権化《ごんげ》であるト

ランプをワシントンから追い出しても安心できない。それぞれの内部にすでに大きな勢力として存在している。それが共和党であればフリーダム議連、民主党であれば進歩主義派議連ということになる。

比較政治学の理論には、２つの勢力が存在し、それぞれの内部に急進派が出てくると、２つの勢力の穏健派同士がかえって結びつくというものがある。「敵の敵は味方」という言葉もある。これを敷衍《ふえん》して考えると、民主、共和両党内のエスタブリッシュメント同士が急進派、ポピュリズム勢力の排除のために手を結ぶということになる。民主、共和両党内のポピュリズム勢力はお互いに手を結ぶということは考えにくいが、排除されないように戦い続けるだろう。その基盤となるのがアメリカ国民の支持ということになる。そして、ここにワシントン政治の新たな分裂線が生まれた、と私は考える。

第4章

# トランプがアメリカの分断を生み出したのではない、アメリカの分断がトランプを生み出したのだ

2021年1月20日、ジョー・バイデンの大統領就任式に先立ち、告別セレモニーに向かう第45代合衆国大統領ドナルド・トランプとメラニア夫人（アンドリュー空軍基地、メリーランド州）［写真提供：EPA＝時事］

２０１６年の大統領選挙でドナルド・トランプが当選して以来、トランプ大統領に対してはありとあらゆる罵詈雑言《ばりぞうごん》が浴びせかけられた。アメリカのメディアを見ればテレビも新聞も毎日毎日トランプ批判を繰り返した。トランプの一挙手一投足、箸の上げ下ろしを監視し、アメリカ全体が意地悪な小姑《こじゅうと》・姑《しゅうとめ》状態になった。この状況はトランプが大統領を退任した後も続いている。

まったくもって愚かしいことだが、せっかく大好きなバイデンが大統領になったのだから、バイデンの一挙一動にも関心を向ければよいものを、トランプが前大統領という肩書きになっても、メディアの報道はトランプのほうが多い。バイデンはトランプをホワイトハウスから追い出すことで御役御免、ということで、人々は関心を失っている。何とかわいそうなことをするのか、せっかく大統領にしてやったのだから最後まで注目し、応援してやればよいものを、バイデン大統領とバイデン政権に対する注目度は低いままだ。バイデン自身も記者団の前に出てきて質疑応答に応じることもなく、テレビの前に立って演説を行うこともなく、存在感は希薄だ。ようやく２０２１年4月28日に一般教書演説を行った。

これまでであれば、大統領に就任したら、ご祝儀《しゅうぎ》というか、相手候補に投票した人たちも、「とりあえず頑張ってよ」ということで、最初の数か月は支持するものであった。しかし、バイデンの場合はそうではない。ある世論調査の結果によると、共和党支持者でバイデンを支持しているのは11％に過ぎない。共和党支持者の大多数は、「バイデンは自分たちの大統領ではない、大統領とは認めない」と言っているのだ。

これまでの5年間で、トランプ大統領に対しての批判の中でも多かったものの一つに、「トランプ大統領によってアメリカ国内の分断（divide《ディヴァイド》）が始まった、深まった。だからトランプ大統領を引きずりおろさねばならない」というものがあった。しかし、私はそうは考えない。これは逆だ。「そもそもアメリカの分裂が深まったことによって、トランプ大統領が誕生したのだ」と私は考える。何でもかんでもトランプのせいにすれば済むものではない。アメリカの分裂は１９６０年代から始まり、約50年間という長い時間をかけて深まっていったのだ。その「集大成」として、トランプ大統領が出てきた。

## ◆アメリカ人にとって最も大事なことは「統一（union）」である

アメリカ人は「統一（union《ユニオン》）」ということを何よりも大事にする。アメリカは各州の力が強い。地方分権が進んでいる。だからと言って、各州が勝手なことをすることは許されない。あくまで、アメリカ合衆国 United States of America の枠組みを崩してはいけないのだ。これが崩れて、アメリカが分裂することは、アメリカ人にとって、自分たちの存在の根本に関わる、大変なことなのである。

毎年、アメリカ大統領が連邦議会の議事堂に赴いて、演説を行うが、これを「一般教書演説 State of the Union Address 」という。これは、アメリカ大統領が議会で、それまでの１年間で何をなしたかという実績について語り、これからどのようにしていくかという指針を述べるものだ。一般教書演説というには、よく分からない訳語であるが、正確に訳せば、「統一されているアメリカ合衆国の状態についての演説」ということになる。

アメリカという国家にとって歴史上最大の危機は、第1次世界大戦でも第2次世界大戦でも、２００１年9月11日の同時多発テロ事件でもない。１８６０年から１８６４年まで続いた南北戦争（The《ザ》 Civil《シヴィル》 War《ウォー》）こそが最大の危機であった。それは、「アメリカ合衆国の統一が崩れた」からである。

この時、アメリカ合衆国から南部各州が分離独立を宣言し、アメリカ連合国 The Confederates of America が誕生した。南北戦争は、北部のアメリカ合衆国側（共和党）がアメリカ連合国（民主党）を滅ぼし、再統一 Re-Unification する戦争だった。「 civil war 」

は普通に訳せば「内戦」である。これに「 the 」がついて、大文字になれば、アメリカでは南北戦争ということになる。最終的には北軍が南軍を降伏させ、アメリカ合衆国は再統一された。Confederates《コンフェデレイツ》という言葉は、今でもアメリカ国内で人々が使いたがらない、よくない言葉とされている。

このアメリカの統一において最大の危機であった南北戦争を北部の勝利に導いたのが、エイブラハム・リンカーンだ。

リンカーンは今でも「アメリカ史上最も偉大な大統領」、共和党は「自分たちはリンカーンの党である」とその歴史と伝統を誇り強調する。

リンカーンがアメリカ史上最も偉大な大統領であるとされるのは、奴隷を解放したからでも、「人民の、人民による、人民のための政府 government of the people, by the people, for the people 」という言葉を残したからでもない。リンカーンが最も偉大な理由は、彼が「アメリカの統一を守った」ことなのである。これは私が勝手に考えて書いていることではない。

小室直樹著『国民のための経済原論Ⅱ』（光文社、１９９３年）には、次のような一節がある。以下に引用する。

何故にアメリカ人は、かくまでもリンカーンを尊敬するのか。奴隷を解放したからか。
どういたしまして。
リンカーンの銅像、記念碑の銘《めい》、頌徳《しょうとく》文を読んでご覧《ろう》じろ。奴隷解放のことなんか書いていないから。そうではなく、アメリカを統一した功によってこれを建つって記してある。
リンカーンは、選挙演説中、奴隷解放なんか公約しなかった。奴隷制を廃止するつもりはなかった。南部諸州が、続々とアメリカ合衆国から離脱していった後でも、合衆国に戻ってきてくれるのなら、奴隷制は元のままでよいとまで申し入れたのであった。

（『国民のための経済原論Ⅱ』15－16ページ）

エイブラハム・リンカーンは「アメリカの統一の守護者 Savior《セイヴァー》 of《オブ》 the《ザ》 Union《ユニオン》」と呼ばれている。アメリカの首都ワシントンDCにあるリンカーン・メモリアルにある銅像の下には、次のような一節が刻み込まれている。

この殿堂の内部において、統一されたアメリカ Union を守った人物の記憶が人々の心の中に残っているように、エイブラハム・リンカーンの記憶は永久に顕彰される。（In

# リンカーンが「偉大」とされる理由は、奴隷を解放したからではない。アメリカの統一を守ったからだ

エイブラハム・リンカーン(1809 - 1865)

this temple, as in the hearts of the people for whom he saved the Union, the memory of Abraham Lincoln is enshrined forever.）

（翻訳は筆者）

これぐらいアメリカ人にとって「アメリカの統一」は重要なのだ。だから、逆に言うと、「分断、分裂」を大変に嫌がり、怖がる。しかし、アメリカ国内にはすでに深刻な分裂状態が生じている。

共和党のジョージ・W・ブッシュと民主党のアル・ゴアが争った2000年のアメリカ大統領選挙から、「ブルーステイト Blue States 」と「レッドステイト Red States 」の色分けがなされるようになった。民主党のイメージカラーが青（ブルー）、共和党のイメージカラーが赤（レッド）なので、ブルーステイトは民主党優勢州で、レッドステイトは共和党優勢州となる。それぞれが約20州程度ある。

ブルーステイトは、アメリカの東西両沿岸部の州で人口が密集した大都市が多く、金融部門やサーヴィス部門が経済の根幹をなす。レッドステイトは南部から内陸部の州で人口は多くなく、農業が経済の中心となっている。

民主党、共和党両党が拮抗し、選挙によって結果が変わる各州は、赤色と青色が混じったパープル・ステイト Purple States 、もしくはスイング（揺れる）・ステイト Swing States

# 反対党をどう思っているか

（2021年2月9日、CBS世論調査）

★民主党支持者

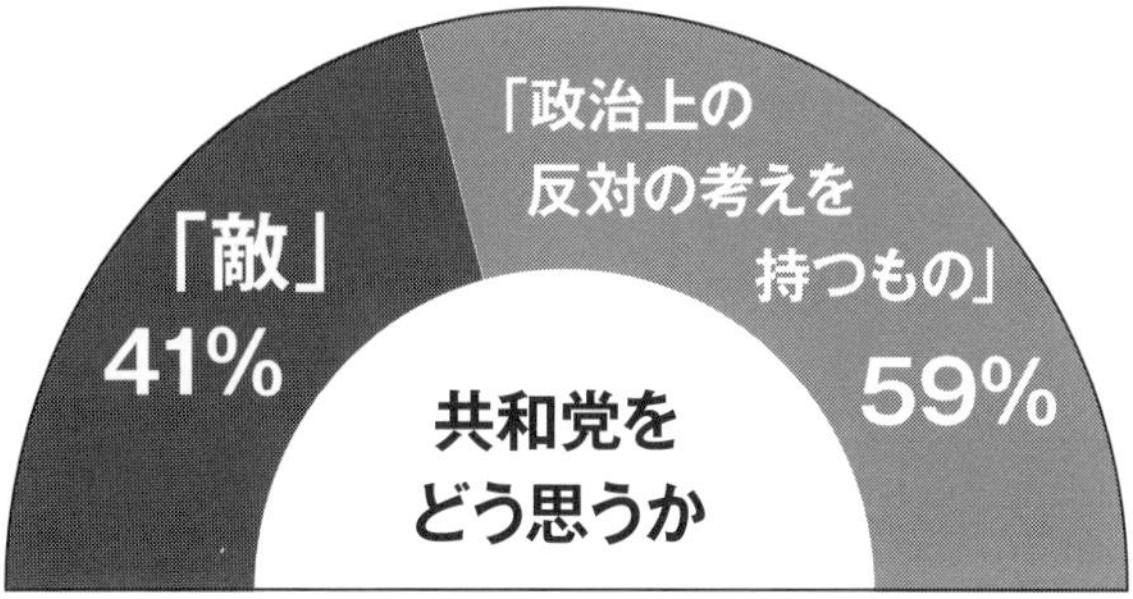


★共和党支持者

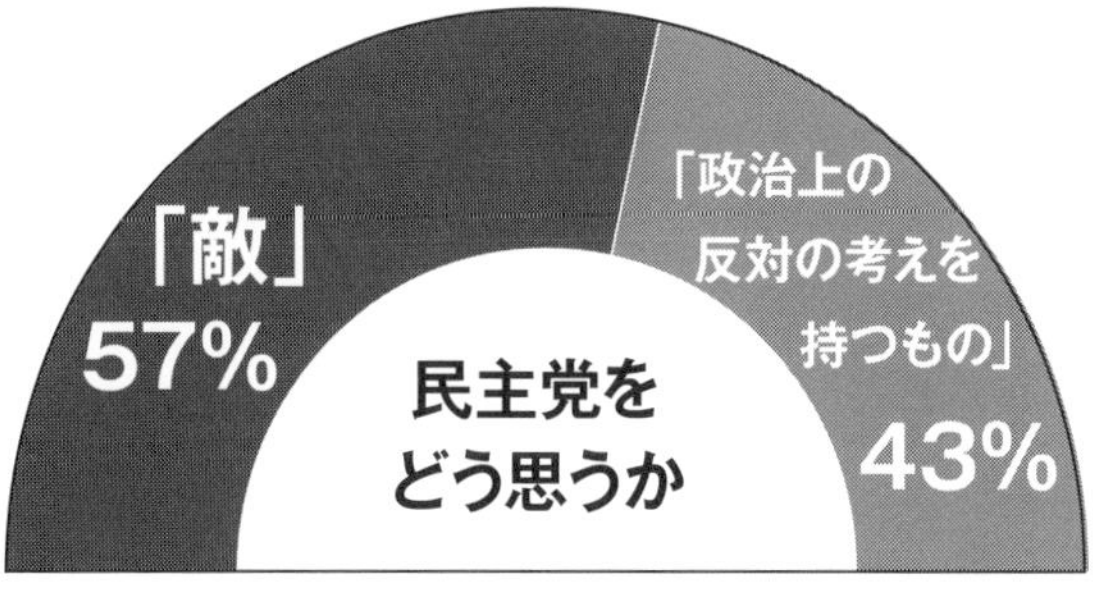

と呼ばれている。

レッドとブルーの色分け程度では分裂というほどのことはない。共和党優勢州からも民主党所属の連邦議員が出ることはあるし、その逆もある。カリフォルニア州は典型的なブルー、民主党優勢州であるが、アーノルド・シュワルツェネッガーが知事を務めたこともある。奥さんだったマリア・シュライヴァーはケネディ家の一族ということもあり民主党員だが、シュワルツェネッガーは共和党所属だ。レッドとブルーの色分けは大統領選挙の時に重要となる。

２０２１年２月９日にＣＢＳが発表した世論調査の中で、民主党支持者、共和党支持者それぞれに反対党（民主党支持者であれば共和党、共和党支持者であれば民主党）についてどう思うかという質問があった。その結果によると、民主党支持者は共和党について、「敵 enemy《エネミー》」と答えたのが41％、「政治上の反対の考えを持つ者 political opposition《ポリティカル オポジション》」と答えたのが59％だった。一方、共和党支持者は民主党について、「敵」と答えたのが57％、「政治上反対の考えを持つ者」と答えたのが43％だった。「政治上の考えが反対」ということは、まだ穏やかである。政治的に立場が違っても、それはそれとして友人関係を築けるだろう。しかし、

「敵」となると厄介だ。敵とは共存できず、やっつけねばならない。敵は「殲滅《せんめつ》 elimination《エリミネイション》」される対象となる。同じアメリカ国民を、たかだか政治上の立場の違いで「敵」と認識するというのは、アメリカの分断の根深さと深刻さを明示している。

## アメリカが3つに分裂するという最先端の考え

副島隆彦著『国家分裂するアメリカ政治　七顚八倒』（秀和システム、２０１９年）の冒頭（18−20ページ）で、副島隆彦は「アメリカは３つの国に分裂する」と書いている。具体的には、①アメリカ東部沿岸州と5大湖沿岸州で構成される「東部国（Eastern Land）」、②アメリカ南部と北西部で構成される「中央南国（Center South Land）」、③アメリカ西部沿岸州で構成される「西部国（Western Land）」となる。東部国はニューヨークを中心とし、シカゴを含めた中西部北部の各州も入る。東部国はヨーロッパ白人社会とつながる。中央南国はテキサス州を中心とした農業国として生きていく。太平洋沿岸の西部国は大衆的なリベラル派が多数を占め、アジア諸国と貿易をしながら生きていく。西部国にはヒスパニックも多く住むので、白人は少数派ということになる。

「アメリカが3つに分裂する」というのは荒唐無稽な話ではない。その根拠を示す興味深い記事がアメリカの政治情報サイト『ザ・ヒル』に掲載された。それは、2019年1月23日付の記事「カマラ・ハリスは民主党が抱えるロッキー山脈の分断線に直面（Kamala Harris faces Democrats' Rocky Mountain divide）」（リード・ウィルソン記者）という記事だ。この記事は2020年大統領選挙民主党予備選挙が始まったばかりの頃に発表されたものだが、内容は「カリフォルニア州を地盤とするカマラ・ハリスが民主党の大統領選挙候補者になるのは非常に困難だ」というものだ。その理由を「アメリカ民主党では、これまでロッキー山脈から西に位置する各州の出身者を大統領選挙候補者にしなかったから（つまり、候補者になれないのだから大統領になれない）」としている。

200年近い歴史の中で、民主党はロッキー山脈より西の州の出身者を大統領選挙の候補者に選んだことがない。2020年の大統領選挙でも、一時期は有力候補と評価されていたカマラ・ハリスも結局、支持率が伸び悩み、民主党予備選挙から早々に撤退せざるを得なかった。アメリカ西部出身者は、またまたこのジンクスを破ることができなかった。

この記事の中に次のような文章がある。「アメリカ東部のエリートたちは西部を見下すという態度を取る。そのような態度に対して西部の人々は東部など古臭いと馬鹿にする。こうしたことによってロッキー山脈周辺州や西海岸の各州の出身者たちが障壁を突破できないようになってしまっている」(翻訳は引用者)。

民主党、共和党関係なく、東部のエリートたちと西部の人々の間で、お互いに侮蔑感を持っている。東部エリートたちは、西部の文化は「過激すぎる」と見下し、西部の人々は東部について「古臭くて、つまらない」と考えている。このように東部と西部は党派に関係なく、お互いを嫌い合っている。

私の留学時代の経験からもこれは事実である。学問の世界でも東部と西部では大きな違いがある。私はアメリカ西部カリフォルニア州ロサンゼルスにある南カリフォルニア大学大学院に留学した。そこには東部のアイヴィーリーグ出身の教授連と、西部や南部の大学出身の教授連がいた。東部出身の教授たちはいつもスーツやジャケットに、ネクタイをして、アクセントもイギリス式に近いものであった。一方、東部出身ではない教授たちはポロシャツにジーンズ、スニーカーにナップサックという学生のようないでたちの人が多かった。東部の教授連はどこか居心地が悪そうだった。ある大学院生(カリフォルニア州で生まれ育ち、大学もカリフォルニア州だった)は、私に「東部の奴らはね、俺たちがいつもサーフィンをしてパーティー(日本の言葉で言えば合コン)ばかりしていると思っているんだよ。西部の学校はパーティースクール(party schools　勉強よりも合コンに一生懸命な学生が多い学校)だとね」と話したこともあった。

くだらない馬鹿話、笑い話と思う人もいるだろう。しかし、生活の実感も含めて、東部と西部の分裂は絵空事ではない。さらには、アメリカ内陸部の農業が盛んな各州は、東部や西部の大都市部と、自分たちは違うのだと考えている。都市部の華やかな生活は自分たちとは無縁だと考え、そうした生活がアメリカらしさと見られることに反発を感じている。

東部と西部の大都市部をつなぐ飛行機が飛び交うのを見上げているだけ、ということで、内陸部の農業州は、「フライオーヴァー・ステイツ Flyover States 」と呼ばれている。東部は保守的、西部は急進的、内陸部は伝統的と区別することができる。そして、それぞれがお互いを理解できず、対立にまで進んでしまっているのが現状だ。お互いが理解できずに対立すると、相手は敵《エネミー》ということになってしまう。

金成隆一は朝日新聞の記者でニューヨーク特派員として、２０１６年大統領選挙を取材した。金成は全米を回って、トランプ支持者たちを取材した。取材の成果をまとめた『ルポ トランプ王国 ―― もう一つのアメリカを行く』（岩波新書、２０１７年）の中で、オハイオ州で金成がインタヴューした溶接工の言葉が本質を突いている。以下に引用する。

「東海岸は政治家、大企業、銀行、マスコミで、西海岸はハリウッド俳優やシリコンバレー。どっちもリベラルの民主党支持者で、物価の高い街で夜ごとパーティーで遊んでいる。テレビが伝えるのは、エスタブリッシュメントのことばかりだ」

（中略）

「大陸の真ん中が真のアメリカだ。鉄を作り、食糧を育て、石炭や天然ガスを掘る。両手を汚し、汗を流して働くのはオレたち労働者。もはやオレたちはかつてのようなミドルクラスではなくなり、貧困に転落する寸前だ。今回は、真ん中の勝利だ」

（中略）

「大陸の真ん中に暮らすオレたちが本物のアメリカ人だ。エスタブリッシュメントは外国は旅行するくせに、ここには来ない。「つまらない」「何もないから行きたくない」と言う。真ん中の暮らしになんか興味なしってことだ。エスタブリッシュメントは、自分たちがオレたちより賢いと思っているが、現実を知らないのは、こいつらの方だ」

「テレビに映るカリフォルニア、ニューヨーク、ワシントンは、オレたちとは違う。あれは偽のアメリカだ。ルイ・ヴィトンのカバン？　サックス・フィフス・アベニュー（ニューヨークの高級百貨店）でお買い物？　そんなのアメリカじゃねえ。みんなが映画で見ているのはニューヨークやロサンゼルスばかり、オレたちのことなんて誰も見ない。ここが本物のアメリカだ、バカ野郎！」

（『ルポ　トランプ王国』257－258ページ）

ここで引用した発言は、「西海岸も東海岸も本当のアメリカではない。堅実に一生懸命汗水たらして働いてきた自分たちこそが、本物のアメリカ人だ」という矜持《きょうじ》と、それなのに自分たちは報われない、貧困層へ転落しつつあるという恐怖感からの発言だ。東西両沿岸部の間にある分裂、そして、「真ん中のアメリカ」の不満、こうしたことから、アメリカが3つに分裂する可能性を見出すことができる。

ジャーナリストの西森マリーの著作『レッド・ステイツの真実 アメリカの知られざる実像に迫る』（研究社、2011年）と『ドナルド・トランプはなぜ大統領になれたのか？ アメリカを蝕むリベラル・エリートの真実』（星海社新書、2017年）を読むと、テキサス州を中心とする共和党優勢州の人々の「心性 mentality《メンタリティ》」を知ることができる。日本の各新聞やテレビは、ワシントン、ニューヨーク、ロサンゼルスといった東西両沿岸部の大都市に支局を置く。特派員たちの取材活動もどうしてもその周辺部になってしまう。

アメリカは広大だ。国土の中で東から西まで3時間の時差がある。しかし、私たちが知ることができるアメリカは大都市部に限られてしまう。西森マリーはテキサス州に住み、テキサスの人々と一緒に生活をしながら、その実態を日本に知らせてくれている。『レッド・ステイツの真実 アメリカの知られざる実像に迫る』と『ドナルド・トランプはなぜ大統領になれたのか？　アメリカを蝕むリベラル・エリートの真実』から引用する。


民主党の支持基盤は、教員組合を含む労働組合員とリベラルな思想を持つインテリ層と黒人の9割、ヒスパニックの大多数、さらにジョージ・ソロス、マーク・ザッカーバーグ、ウォーレン・バフェットなどの大金持ちとハリウッドのセレブたち。

一方、共和党はビジネス優遇政策を好むので「金持ちの党」と思われがちですが、実際には共和党支持者のほとんどは中流以下で、貧困層の人々も少なくありません。

つまり、共和党支持者の多くは実際には共和党の経済政策の「被害者」となる確率が高い層の人々なのです。

経済面では民主党を支持してしかるべき層の人々が共和党を支持している理由はただ一つ。

それは、彼らが〈保守的なキリスト教徒〉だからです。


（『レッド・ステイツの真実』9－10ページ）

テキサス人の多くは善行が大好きな福音主義者で、隣人愛に満ち、積極的に困っている人たちを助けています。しかしそれと同時に彼らは法を重視します。

（『ドナルド・トランプはなぜ大統領になれたのか？』69ページ）

アメリカ南部は「バイブル・ベルト Bible belt」と呼ばれ、キリスト教の信仰が篤《あつ》い地域である。そして、レッド・ステイト、つまり共和党優勢州である。２０１６年の大統領選挙、２０２０年の選挙でトランプが勝利を収めた州である。ここで大事なことは、「彼らが法を重視する」ということだ。トランプ大統領は「法と秩序 law《ラー》 and《アンド》 order《オーダー》」という言葉を多用したが、これは支持者たちの考えを反映したものだ。警察によるアフリカ系アメリカ人男性殺害事件に対する抗議活動はエスカレートし、器物損壊や暴力を伴う状態にまでなった。「法と秩序」を重視するアメリカ人たちにとっては苦々しい光景であったと思われる。「あいつらとは相いれない」とお互いを敵視する状況は今でも続いている。

## トランプ旋風の先駆けだった パット・ブキャナンの「アメリカ・ファースト！」

２０１６年の大統領選挙では、日米のメディアは最後の最後までヒラリー・クリントンを支持し、ヒラリー優勢を伝えていた。しかし、アメリカはドナルド・トランプを大統領に選んだ。トランプは、現状に不満を持つ人々に押し上げられ、またそうした人々を結集させた。

人々は、「アメリカを再び偉大に Make America Great Again」と「アメリカ・ファースト！ America First!」という「旗」の下に結集した。

この2つの言葉こそが、既存の政治に対して不満を持ち、自分たちの生活に不安を持つ人々の気持ちを汲み取り、的確に表現したものだった。ヒラリー陣営はこれらのスローガンを超えるものを生み出すことができず、結集軸がないまま選挙戦を戦い、敗北した。「勝てるはずだったし、全米の得票数では勝っていたのに」というのがヒラリー陣営、ヒラリー支持の人々の恨み言だった。しかし、熱心さという点ではまったくダメな戦いぶりだった。

この「アメリカ・ファースト！」という言葉はトランプの専売特許ではない。「アメリカ・ファースト！」を有名にしたのは、第2次世界大戦中、ヨーロッパでの戦争に参戦することに反対し、アイソレイショニズム Isolationism を訴えた、飛行機での大西洋単独無着陸横断（1927年）で有名なチャールズ・リンドバーグ Charles Lindberg（1902－1974年　72歳で没）である。

「アイソレイショニズム」という言葉を「孤立主義」と訳すのは間違いだ。アメリカのような世界一の経済大国・軍事大国が世界から「孤立」するなどということはあり得ない。「国内問題解決優先主義」と正しく訳さねば、本質を誤って理解してしまう。「アイソレイショニズム」という言葉の意味を丁寧に説明すれば、「アメリカ国外に山積する多種多様で複雑な問題にお節介で関わっても解決できない。それは問題を抱える人たちが自分たちのできる範囲で取り組めば良いことだ。アメリカ国内にも問題は多くあり、私たちはそれらを解決するほうを優先すべきだ」ということになる。

第1章で説明した、アメリカ外交の1つの潮流である「介入主義」、民主党の人道的介入主義、共和党のネオコンサヴァティヴィズムとはまったく異なる考え方だ。

「アメリカ・ファースト！」という言葉を現代のアメリカに復活させたのが、パット・ブキャナン Pat Buchanan（1938年－　82歳）だ。ブキャナンこそは現代のアメリカ政治に「アメリカ・ファースト！」「アイソレイショニズム」を復活させた立役者である。

パット・ブキャナンは1938年生まれで現在82歳である。現役の政治評論家だ。奨学金を得てジョージタウン大学に進学し、1961年に卒業した。続いて、1962年にはコロンビア大学ジャーナリズム大学院で修士号を取得した。その後は新聞社に入り、論説記者となった。また保守系の政治誌『ナショナル・レヴュー *National Review*』誌のスタッフともなった。1965年にリチャード・ニクソン Richard Nixon（1913－1994年　81歳で没）のスタッフとなり、政界入りした。当時のニクソンは、ドワイト・アイゼンハワー

# 「アメリカ・ファースト！」を現代に復活させた政治評論家パット・ブキャナン

パット・ブキャナン
（1938 -　）

Dwight Eisenhower（１８９０－１９６９年　78歳で没）大統領の副大統領を務め、１９６０年の大統領選挙で共和党の候補者となったが、民主党のジョン・F・ケネディに敗れ、大統領になる可能性は潰《つい》えたと思われていた。ブキャナンはスタッフとしてニクソンの復活に貢献し、ニクソンの大統領就任後、ホワイトハウスのスピーチライターとなった。１９７４年にニクソン辞任後もジェラルド・フォード政権に残った。１９８５年から１９８７年にかけては、ロナルド・レーガン Ronald Reagan（１９１１－２００４年　93歳で没）大統領のホワイトハウス広報部長 White House Communications Director を務めた。その後は政治評論家として新聞や雑誌の論説記事の寄稿、テレビの政治討論番組への出演を続けている。

　ブキャナンは、１９９２年、１９９６年、２０００年の3回の大統領選挙で、共和党予備選挙に、「アメリカ・ファースト！」「アイソレイショニズム」を掲げて出馬した。１９９２年の共和党予備選挙では、増税に反対し、民主党と共和党との間の密室での交渉を批判し、「インサイダー」、「エスタブリッシュメント」による政治に反対すると主張した。ブキャナンは現職のジョージ・H・W・ブッシュ大統領に挑戦し、善戦した。ブッシュは本選挙で民主党のビル・クリントンに敗れたが、その原因は予備選挙でのブキャナンの躍進と攻撃のためであったと言われている。

副島隆彦は主著『世界覇権国アメリカを動かす政治家と知識人たち』（講談社＋α文庫、1999年）の中で、パット・ブキャナンについて次のように書いている。

彼は1996年にも再び大統領選挙に出馬して、アメリカの共和党保守派の立場から、アメリカ国民を本当にアイソレーショニズム（孤立主義、本当は国内問題優先主義と訳すべきだ）に復帰させようとしている。

（44ページ）

パット・ブキャナンは、国際貿易問題では〝プロテクショニスト〟Protectionist（保護貿易主義者）である。すなわち、「自由貿易体制（フリー・トレイド・システム free trade system）はもはやアメリカの現実に合わないのだからやめるべきだ、我々は保護貿易主義にもどるべきだ」と主張している。彼は、依然優勢な自由貿易主義者たちと対立して、「アメリカの国益優先」の、国内産業保護重視の保護主義者なのである。ブキャナンは"America First"（アメリカの国内問題最優先）あるいは、"stay here!"（ここにいよう）と言った。

（47ページ）

パット・ブキャナンの主張は、ドナルド・トランプ大統領とまったく同じだ。今から30年前にトランプと同じ主張をして大統領選挙に出馬したということは、ブキャナンは時代を先取りしていたということになる。しかし、１９９０年代では時代を先取りし過ぎていた。１９９０年代には早すぎた主張が、２０１０年代には、多くの人々を惹きつけたということは、アメリカの縮小と衰退を人々が切実に感じているということを示している。

パット・ブキャナンは１９９０年代末からアメリカの分裂やアメリカの衰退について文章を発表してきた。１９９９年に『アメリカは帝国ではなく、共和国だ *A Republic, Not an Empire*』（未邦訳）、２００２年に『病むアメリカ、滅びゆく西洋 *Death Of The West*』（宮崎哲弥訳、成甲書房、２００２年）を発表した。

『アメリカは帝国ではなく、共和国だ』で、ブキャナンは、アメリカの外交政策は、ジョージ・ワシントン以来の伝統である、外国への不介入主義 noninterventionism《ノンインターヴェンション》」の堅持と、「複雑に絡み合った同盟関係 entangling alliance」への警戒をしなければ、世界史における各帝国と同様に、アメリカも衰退していくと主張した。冷戦期、アメリカは世界各国の共産主義化を防ぐために、アメリカ軍を世界各地に駐留させてきた。また、世界各国の紛争にも関与してきた。冷戦は終わり、ソ連が崩壊し、アメリカは勝った。そうなると、この米軍の海外派遣がアメリカにとって大きな負担となる。「過度な拡大 overextension《オーヴァーエクステンション》」ということになる。ブキャナンは、「アメリカはローマ帝国ではない。帝国を世界規模で拡大するようなことをしてはいけない」と主張した。

そこで、ブキャナンは日本と韓国、ヨーロッパから米軍を撤退させよ、自分たちのことは自分たちでやらせよ、と主張している。これはトランプが主張してきたことと同じだ。

『病むアメリカ、滅びゆく西洋』では、ブキャナンは、西洋文明の基盤となったキリスト教文化はアメリカにおいては死に絶える運命にあり、2050年までにはアメリカは、いわゆる「西洋」ではなくなるだろうと予言した。ブキャナンは、「① 人口減少、② 西洋を根底から変えるような、異なる人種・文化の大量移民、③ 西洋の伝統・宗教・道徳に根深い憎悪を抱く反西洋文化の台頭、④ 世界国家樹立に向けての国家解体と政府エリートの背信行為」(『病むアメリカ、滅びゆく西洋』295ページ)といった脅威の存在を指摘し、アメリカを存立させてきた価値観が消滅すれば、アメリカは存在できないとしている。そして、こうした状況を招来させたのは、リベラル派だと非難している。この本の最終章の表題は「分断された国家」であり、これがブキャナンが述べたかったことであろうことは容易に想像される。ブキャナンは「アメリカ合衆国のバルカン半島化 Balkanization of the United States」というキーワードを生み出した。また、「文化戦争 Culture War」という言葉も使っている。

ブキャナンは短い言葉でスパッと本質を突く能力に長《た》けている。

このブキャナンの2冊の本の主張は、すでに述べたことだが、2016年にドナルド・トランプが大統領選挙で述べたことと同じである。トランプ旋風、トランプ現象は決して、一過性のブームのようなものではなく、地殻変動のような大きな動きがアメリカ社会で起きていたことを示している。


1990年代の大統領選挙における「ブキャナン旋風」から20年の時を経て、トランプが登場した。トランプは更に「アメリカを再び偉大に」というスローガンを掲げた。1980年アメリカ大統領選挙での共和党のロナルド・レーガン、1992年のアメリカ大統領選挙で民主党のビル・クリントンもこの「アメリカを再び偉大に」という言葉を使った。

これらの大統領選挙の時には、2016年大統領選挙の時ほどは話題にもならなかったし、人々の印象にも残らなかった。1980年代、1990年代のアメリカはまだ余裕があった。1980年代、1990年代は冷戦末期から終了の期間であり、アメリカは世界で唯一の超大国であった。日本という挑戦者は出てきたが、アメリカの属国であり、簡単に叩き潰すことができた。「ヴェトナム戦争の失敗や高い失業率、双子の赤字である財政赤字と貿易赤字などの問題はあるが、アメリカはまだまだ偉大だし、何よりもソ連にも勝ったではないか。

これから新規まき直しだ」という希望はまだあった。

しかし、2016年のアメリカでは、「アメリカを再び偉大に」という言葉は、アメリカ人たちに切実に響いた。それだけ、アメリカの凋落《ちょうらく》ということをアメリカ人たちは肌で感じている、実感しているということだ。中国という経済上の難敵が台頭し、ロシアがアメリカに牙をむこうとしている。アメリカ中心の世界構造が変化しようとしている。「アメリカの衰退 decline《デクライン》」はすでに目の前に迫った危機であり、台頭する中国は脅威である。

## ◆「アメリカ・ファースト！」の適切な日本語訳は「アメリカ国民の生活が第一」だ

トランプが全米各地で開いた集会で「アメリカ・ファースト！」を連呼すると、集まった支持者たちは熱狂した。この様子について、日本のメディアでは、「アメリカが何でも一番だ！」という誤った訳をして、「トランプ大統領はなんでもアメリカが一番でなければ気が済まず、世界にとって危険だ」という印象づけに躍起になっていたこと。「アイソレイショニズム」を「孤立主義」と訳すのと同じく、本質を誤って理解させるものだ。

「アイショレイニズム」は「国内問題解決優先主義」と訳す。「アメリカ・ファースト！」はこのアイソレイショニズムをより具体的に、それではどうしたら良いかということについて述べた言葉ということになる。そして、これを適切に訳すと「アメリカのことを最優先で考えよう！」ということになる。

「アメリカ・ファースト！」という言葉を日本語に適切に訳すと、「アメリカのことを一番に考えよう、外国のことではなく、まずアメリカ国内、国民のことを第一に考えよう。国内に問題が山積しているではないか」ということになる。私はもっと分かり易い訳語を提案したい。それは、「アメリカ国民の生活が第一」である。

日本では鳩山由紀夫代表と小沢一郎幹事長時代の民主党が２００９年の総選挙のマニフェストで「国民の生活が第一」を掲げた。これに倣《なら》って「アメリカ国民の生活が第一」こそが「アメリカ・ファースト！」の訳としてしっくりくる。

トランプが「アメリカ・ファースト！」という言葉を使い始めてから、日本でも「ファースト」という言葉が氾濫《はんらん》することになった。東京オリンピック・パラリンピックでは「アスリート・ファースト」という言葉が使われ、小池百合子都知事が立ち上げ、現在都議会で第1党になっているのは都民ファーストの会である。この２つの言葉は「アスリートの競技のしやすさや健康を第一に考える」「都民のことを第一に考える」という意味で、正しい使われ方をしている。

## ◆「第2次南北戦争」か、それとも「永久戦争」か

バット・ブキャナンは2020年12月13日にニューハンプシャー州の日刊紙『ニューハンプシャー・ユニオン・リーダー』紙に、「我が国の第2次南北戦争か――もしくは〝永久戦争〟か（Our Second Civil War ― also a 'Forever War'）」という論説記事を発表した。大統領選挙の投開票が終わり、1か月ほど経った時期で、トランプ大統領とトランプ支持者たちが、大統領選挙で不正が行われ、選挙結果が「盗まれた」と激しく主張していた時期だ。

ブキャナンは、トマスの公理 Thomas Theorem という社会学の理論の言葉、「人がある状況を現実だと受け止めたなら、結果としてそれは現実となる Things perceived as real are real in their consequences」という言葉を使い、トランプ支持者たちはこれからも不正選挙であったと認識し続ける、そして、アメリカ政治内部の分裂はこれからも続くと主張した。

ブキャナンは記事の最後に、「私たちは2つの国、2つの国民となって、相いれないほどに分裂している。現在の私たちの国アメリカのように、人種、イデオロギー、宗教でここまで分裂している国で、アメリカでも昔は行われていたように、人々が一緒になって世界に驚

きを与えるような成果を得ることができるだろうか？（翻訳は引用者）」と問いかけている。

既成の大メディアがいくら「バイデンが勝った」「選挙に不正はなかった」と報道しても、「メディアはエスタブリッシュメントに奉仕している」「本当のことを報じていない」と、多くの人々が認識してしまえば、それは嘘ということになる。そして、「トランプが勝っていた」「選挙で不正があった」ということになり、アメリカ国内で、人々は相いれないままいがみ合うことになる。それをブキャナンは「第2次南北戦争」と呼んでいる。２０２０年の大統領選挙によって、アメリカの分裂はより深刻化したということになる。

## ⬟チャールズ・マレーによるトランプ出現の的確な分析

ここで、もう1人の保守派の論客チャールズ・マレーを取り上げたい。チャールズ・マレーという人の名前を聞くと、アメリカの高学歴でリベラルな人は嫌な顔をする。彼の主張が過激なことがその理由として挙げられる。ゴリゴリの保守派の論客であり、彼の主張は多くの批判を集めることでも知られている。副島隆彦は『世界覇権国アメリカを動かす政治家と知識人たち』の中でマレーについて次のように紹介している。

チャールズ・マレーは、きわめて特異な知識人である。彼は今のアメリカで、最も保守的でかつ極端かつ根本的な言論を吐く人物と考えられているが、もともと若いころは左翼知識人である。人間の改善（犯罪者の教化指導など）や社会改革は困難であることへの絶望が、彼を「厳格に科学的な保守派」の人格へと形成していった。マレーのもうひとつの主著『失われゆく合理性』*Losing Ground*（1984年）は、1980年代を通してのベストセラーのひとつである。マレーは、最近リバータリアン宣言をした。

マレーは、それまでリベラル派の独占物だった「社会科学（厳密な学問）」という武器を、保守派がもつようになったことを示す人物である。（369－370ページ）

2020年アメリカ大統領選挙共和党予備選挙が始まって間もない（トランプがまだ共和党の候補者として確定しない）時期、チャールズ・マレーは、トランプの支持率上昇について、後述する『階級「断絶」社会アメリカ』の内容を敷衍《ふえん》して分析した論稿を発表した。その内容はトランプ現象分析において今でも色あせない内容である。

その論稿とは、『ウォールストリート・ジャーナル』紙2016年2月13日付の論説記事で、「トランプのアメリカ（Trump's America）」という題名だった。記事の中には、「トランピズム Trumpism は、アメリカがこれまで辿って来たコースに対するアメリカ人の多くが感じている正当な怒りを表現したものだ」という一節がある。記事の一部から、数か所を抜粋し、引用する。

この信条全体を握り続けているのは誰か？　中流階級と中流の中の上流階級（特に小規模のビジネスを自身で行っている人々）の大部分、企業社会や金融社会にいる多くの人々、そして共和党の幹部クラスの人々の大部分がそうである。こうした人々は、平等主義、自由、個人主義の理想の節度ある支持者であり続けている。

穏健的な民主党員や支持者たちのことを忘れてはいけない。彼らはニューディールの精神的な遺産相続人である。彼らは社会民主政治体制 social democracy を主張することだろう。しかし、こうした人々もアメリカ国民をいくつかのグループのメンバーだけとしか扱わない諸政策については不満であり、トクヴィルが述べた、言論の自由、個人の道徳的な責任、平等主義を固く支持している。こうした人々は数多く存在しているが、そのほとんどが政治的な姿勢を表に出さないようにしている。

しかし、こうした人々はアメリカの人口の一部分であって、アメリカの建国以来、1

# トランプ支持者の増大を的確に分析するチャールズ・マレー

# アメリカの格差社会を分析して注目されるロバート・パットナム

75年間（1950年代まで）アメリカを一つにまとめてきた国家規模の同意というものもなくなってしまった。アメリカの信条creed《クリード》に対する支持が減少していく中で、その影響が日常生活にも出てきている。私たちが自画自賛している自由は数千もの小さな制限によって束縛されている。小さな制限は私たちが望むものにつながっていない。個人主義はグループの権利を優先するために無視されている。そして、アメリカには傲慢な上流階級が生まれている。イデオロギー的にも、そして現実面においても、アメリカの信条は損なわれている。

新しい上流階級が主流mainstream《メインストリーム》から外れていく中で、新しい下層階級は白人労働者階級の中から生まれつつある。そして、こうした人々はトランプ主義が伸長する環境を作るうえで重要な役割を果たしている。（翻訳は引用者）

論稿の内容を言い換えると次のようになる。アメリカは変質した。アメリカは健全な平等主義、自由、個人主義の国であった。人々は経済的に成功してもそれをひけらかすことを嫌った。貧しくても堂々と生きることができた。格差が表立って出ることはなく、平等な社会だった。富裕でも貧しくても同じ価値観を共有してきた。この同じ価値観が引用した一節に出てくる「主流」ということになる。

それが第2次世界大戦後に大きく変容した。そして、取り残されたのが、白人の労働者階級の男性たちだ。「アホでマヌケなアメリカ白人」「ニューヨークの場所も知らない」「頑迷にキリスト教原理主義を信じている」と、西海岸や東海岸で優雅に暮らす、リベラルなエリートたちに馬鹿にされ、見下され続けてきた。このエリートたちは、自分たちが素晴らしい人間だと思って欲しくリベラルな考えを振り回す。「弱者の味方」であるはずの民主党支持であることがかっこいいと思っている。しかし、実際には低学歴、低所得の白人労働者階級を徹底的に見下し、馬鹿にする。２０１６年の大統領選挙で、ヒラリー・クリントンは彼らを「あんな人たち」と呼んでバカにした。一方、トランプは「私は低学歴の人たちが大好きだ」と語りかけた。

昔のエリートや成功者たちはできるだけ自分は皆と一緒です、元々は貧しいところから這い上がって来たので一緒ですという態度を取った。しかし、現在のエリートたちは、弱者の味方を標榜《ひょうぼう》しながら、その弱者をバカにするという偽善的な態度を取っている。

アメリカ国内では、一握りの新しい上流階級の人々と多くの新しい下層階級の人々が出現し、両者は相互に理解することもできず、寛容な態度で接することができないようになっている。それがトランプ躍進を生み出したのだというマレーの分析は的確なものだった。

## ◆マレーの言説は多くの激しい批判を受けてきたが皆が言えないことを言ってきた

チャールズ・マレーは１９４３年生まれで現在78歳。１９６５年にハーヴァード大学で歴史学を専攻して学士号を取得後、平和部隊 Peace Corps《ピースコー》に参加して、タイで6年間過ごすことになる。同時期、米国国際開発庁のタイ駐在職員も務めていた。最後の1年はＣＩＡと協力して対米軍ゲリラ戦対応プログラム作成にも参加した。帰国後はマサチューセッツ工科大学大学院で政治学を専攻し、１９７４年に博士号を取得した。。博士論文のテーマはタイ村落地域の近代化についてであった。

ここまでの経歴は、典型的なアジア専門学者としてのものだ。冷戦期、アジア専門学者たちは、アジア各国の「近代化 Modernization《モダナイゼイション》」を研究し、自分が専門としている国の近代化に貢献し、それが反共産化につながると確信し、高い義務感で研究や政府への協力を行っていた。おそらく、マレーは近代化論、アジア研究の裏側を見て、嫌気がさしたのだろう。その後はアジア研究から離れた。また、これまで大学に所属したことはなく、１９９０年から現在まで、ワシントンにある保守系のアメリカンエンタープライズ研究所 American

Enterprise Institute（ＡＥＩ）の研究員を務めている。

チャールズ・マレーの名前が全米に知られ、激しく批判されたのは、１９９４年に『ベル・カーヴ *Bell Curve*』という本を出したことがきっかけだった。本のタイトルである「ベル・カーヴ」とは、統計学などで用いられる、釣り鐘 bell 型の「正規分布曲線」のことである。日本ではこの本の翻訳は出ていない。この本は、人間の「知能 Intelligence Quotient（ＩＱ）が収入や生産性、犯罪率などを決定する要因になる」「アジア系アメリカ人のほうが白人よりも知能が高く、白人のほうがアフリカ系よりも知能が高い」という主張を行った。そして、知能が高い人々を「高い知能のエリート cognitive elites」と呼んだ。

ＩＱという言葉はよく知られている。「１３０以上あると天才だ」とか「平均が１００だ」などと言われている。私も子供の頃にＩＱテストを受けさせられた記憶があるが、自分のＩＱがどのくらいの数値なのかは知らされなかった。「頭が良い」「頭が悪い」ということは、誰でも神経質になる問題であり、それに人種が絡めば、冷静な議論はできなくなる。

マレーの本の内容は人種差別的だという批判が噴出《ふんしゅつ》した。それでも、アメリカの保守派の間では「これまで感覚的にそうではないかと思っていたことを豊富なデータや統計的な手法で解明してくれた」という評価がなされた。しかし、これ以降、マレーは糾弾の対象となり、講演会が開かれるとなれば、会場の外では抗議活動が行われ、会場内でも抗議活動が行われ、講演ができないという事態となった。そうした状況は現在も続いている。

チャールズ・マレーは2012年に『階級「断絶」社会アメリカ――新上流と新下流の出現 *Coming Apart: The State of White America, 1960–2010*』（橘明美訳、草思社、2013年）を発表した。この本では白人を分析対象とし（マイノリティまで入れるとまた人種差別だと大批判を浴びてしまうので）、白人の中に、少数の「高い教育を受けた上流階級」と多数の「高い教育を受けていない下層階級」という新しい区分ができている。そして、新しい上流階級は集まって暮らしている。これをマレーは「スーパージップ Super Zip」と呼んでいる。アメリカでは郵便番号のことを zip code と呼んでいる。日本でもそうだが、郵便番号で、どの地区が高級住宅地かそうでないかがだいたい分かる。新上流階級は同質性が高い。一流大学や大学院を卒業し、高収入の専門性の高い仕事をしている。また、そういう人たち同士で結婚する。新上流階級は勤勉や誠実、相互扶助などアメリカの伝統的な価値観を維持している。

一方、新しい下層階級は労働者階級のことで、この階級は中流から転落し、アメリカの価値観からも逸脱しつつある。この階層の人々は、信仰心は低く、勤勉さも減退し、家族を大切にするという価値観も失われつつある。

アメリカでは建国以来、ヨーロッパ諸国のような階級class《クラス》は存在しないとされてきた。これまで大きな経済的格差は存在してきたが、金持ちも貧乏人も、同じアメリカ人として、互いに交流し、力を合わせて社会問題に対応するという社会であった。しかし、文化的な相違によって、アメリカ社会にお互いがまったく交流できない2つの階級が出現し、それが分断を招いている、とチャールズ・マレーは主張している。

先ほど紹介した、マレーのトランプ主義（トランプ出現とトランプへの支持の拡大）は、この『階級「断絶」社会アメリカ』の枠組みによって分析がなされている。アメリカは階級社会になることで、分断が進み、下層階級となった人々がトランプを支持したということである。

## ⬟アメリカの格差を取り上げ注目を集めたロバート・パットナム

チャールズ・マレーは『階級「断絶」社会アメリカ』の中で、ロバート・パットナムの研究を取り上げている。ロバート・パットナムについては、拙著『ハーヴァード大学の秘密』（PHP研究所、2014年）でも取り上げた。アメリカ政治研究において極めて重要な政治学者である。本書でも再び取り上げる。

ロバート・パットナム Robert Putnam（１９４０年－　80歳）は、１９６３年にスワースモア大学を卒業後、フルブライト奨学金を得て、１９６４年までオックスフォード大学に留学した。１９６５年にイェール大学で修士号、１９７０年に同大学で博士号を取得した。１９７５年から79年までミシガン大学で教鞭を執り、１９７９年にハーヴァード大学に移った。１９８９年から１９９１年までハーヴァード大学ケネディスクールの学院長を務めた。

ロバート・パットナムは、１９９３年に『哲学する民主主義 ―― 伝統と改革の市民的構造 *Making Democracy Work: Civic Transitions in Modern Italy*』（河田耕一訳、ＮＴＴ出版、２０００年）を出版し、２０００年に『孤独なボウリング ―― 米国コミュニティの崩壊と再生 *Bowling Alone: the Collapse and Revival of American Community*』（柴内康文訳、柏書房、２００６年）を発表した。『哲学する民主主義』は、比較政治学 Comparative Politics の分野では名著であり、教科書として指定されるほどだ。『哲学する民主主義』というのは何とも奇妙な邦訳タイトルだ。英語のタイトルを素直な日本語に訳せば「民主政治体制を機能させる」ということになる。『孤独なボウリング』はアメリカ国内でベストセラーになった。パットナムは、この2冊の著書の中で、「ソーシャル・キャピタル Social Capital（社会関係資本）」という概念を提唱している。

「ソーシャル・キャピタル」という言葉をそのまま日本語に訳せば、「社会資本」となる。「社会資本」となると、道路や橋、公共の建物などを意味する「インフラストラクチャ infrastructure」と混同してしまう。そこで、「社会関係資本」という言葉が生まれた。

パットナムは、イタリアの北部と南部で、州政府の行政に効率性の違いがあることを発見した。工業や金融が盛んな北部各州では効率的な行政が行われ、農業が盛んな南部各州の行政は非効率的で、賄賂が横行するような状態だ。

パットナムは北部と南部の比較研究を行い、南北間にある決定的な違いを発見した。それが「ソーシャル・キャピタル（社会関係資本）」だった。パットナムは、ソーシャル・キャピタルについて、「信頼、規範、ネットワークのような社会的組織や仕組みの特徴であり、これらがあることで人々の間の協調的な諸活動が促進され社会の効率性が向上する」と定義している。イタリア北部の各州に住む人々は、イタリア南部の人々に比べて、合唱サークルやサッカーチームなど、地元に根差した活動に参加している割合が多い。これがソーシャル・キャピタルとなり、北部の行政の効率性につながっていると、パットナムは主張した。

パットナムはさらに、ソーシャル・キャピタルの概念をアメリカに適用して分析した。それが『孤独なボウリング』だ。パットナムはオハイオ州での高校時代に地元のボウリングチームに参加し、チーム同士のリーグ戦を楽しんでいたという経験を持つ。ボウリングは体力差や運動神経の良し悪しと関係なく、手軽に参加できるスポーツということもあり、地元の人々がチームを組んでボウリングを楽しんでいた。しかし、現在ではそのようなことはなくなった。

共同体を形成する活動への参加（教会への出席、ヴォランティア活動など）が全体的に低下し、人々の相互の信頼感が低下し、それがアメリカ国内における行政の効率性の低下につながっているとパットナムは分析している。

2015年、ロバート・パットナムは『われらの子ども —— 米国における機会格差の拡大 *Our Kids: The American Dream in Crisis*』（柴内康文訳、創元社、2017年）を発表し、アメリカ社会における格差 inequality《インイクォーリティ》 を取り上げた。「格差は子供時代にすでについている。生まれた家庭の状況によって逆転不可能なほどの差がついており、そこに大きな分断が存在する」というのが、パットナムの主張である。

1959年に高校を卒業したパットナム。この時代、貧富の格差はあったが、人々は同じ共同体で親しく交流し、貧しい家庭や両親がそろっていない家庭からでも大学に進学し、自分の才能と努力によって、社会的に上昇することが可能だった。才能や努力の差はあるが、誰にでも社会的に上昇するため、努力をする「機会 opportunity《オポチュニティ》」は与えられた。原題にある通り、「アメリカン・ドリーム」が信じられていて、実際に実現する時代だった。それが第2次世界大戦後のアメリカの豊かさであった。また、以前のアメリカでは経済格差に関係なく、さまざまな階層の人々が交流していた。

しかし、現在は恵まれた家庭で育つ子供たちと、恵まれていない家庭で育つ子供たちとの間には大きな格差がある。恵まれた家庭の子供たちは、安定した環境の中でお金の心配もなく、輝かしい将来を夢見ることができる。一方で、恵まれない家庭の子供たちを取り巻く環境は厳しく、時に犯罪に手を染めてしまうこともある。将来への希望などない。こうして、生まれた家庭の格差がそのまま子供たちの将来への格差となってしまう。格差は拡大し、固定化し、階級化していく。そこに大きな分断が存在すると分析し、格差解消を訴えた。

パットナムの本の草稿はホワイトハウスに届けられ、当時のバラク・オバマ大統領はパットナムをホワイトハウスに招待し、格差について話し合った。大統領選挙に出馬を決めていたヒラリー・クリントンもパットナムと会談を持ち、助言を求めた。民主党側だけではなく、共和党側でも大統領選挙に出馬を表明していた、連邦上院議員のテッド・クルーズやリック・サントラムが『われらの子ども』を取り上げ、格差解消を訴えた。大統領選挙に出馬したジェブ・ブッシュはパットナムと会談を持ち、助言を求めた。２０１６年の大統領選挙で、共和党中道右派から民主党まで、パットナムの主張に反応することになった。それだけ、「格差」がアメリカ国内の大きな問題となっている。

## ◆サミュエル・ハンチントンは晩年アメリカの変質と分裂を愁《うれ》えていた

サミュエル・Ｐ・ハンチントン Samuel P. Huntington（１９２７－２００８年　81歳で没）は政治学の世界でスターであり続けた人物だ。ハンチントンの著作は学問の世界にとどまらず、社会にも大きな影響を与えた。日本でも彼の著作はベストセラーになり、来日して日本のニュース番組に出演したこともあった。名前を覚えている人も多いだろう。ハンチントンについては拙著『ハーヴァード大学の秘密』（ＰＨＰ研究所、２０１４年）で詳しく書いている。

ハンチントンは早熟の天才で、飛び級でイェール大学に入学し、１９４６年に18歳で、優等の成績で卒業した。その後、アメリカ陸軍に入隊し、除隊後にシカゴ大学で修士号、ハー

# アメリカの変質を憂えたサミュエル・ハンチントン（1927-2008）

『文明の衝突』（1996）

ヴァード大学で博士号を取得した。博士号を取得したのは23歳の時だった。そして、そのままハーヴァード大学で教鞭を執り始めた。

１９５７年に『軍人と国家 *The Soldier and the State*』（市川良一訳、原書房、２００８年）でデビューしたが、リベラル派が多数を占める学問の世界での評判は散々だった。その結果、ハーヴァード大学にいられなくなり、ニューヨークのコロンビア大学に移籍した。その後、ハーヴァード大学からの帰還の要請を受け、１９６３年にハーヴァード大学に復帰した。

ハンチントンは１９６７年に国務省でヴェトナム戦争に関するコンサルタントを務め、ヴェトナム戦争に関する報告書を作成した。その中で、ハンチントンは、ヴェトナム戦争失敗の原因を、「間違った道徳主義《モラリズム》」や「アメリカの理想主義《アイディアリズム》」にあると分析した。アメリカの理想を、ヴェトナムの現状をまったく考慮せずに押しつけたことが失敗の原因だったとハンチントンは主張した。これは、アメリカの外交政策の一大潮流である介入主義を批判するものである。１９７７年から１９７８年にかけては、ジミー・カーター政権の国家安全保障会議（ＮＳＣ）の安全保障政策コーディネイターを務めた。この時、国家安全保障問題担当大統領補佐官を務めていたのは、長年の親友ズビグニュー・ブレジンスキー Zbigniew Brzezinski（１９２８－２０１７年　89歳で没）だった。

ハンチントンは数多くの著書を残しているが、その代表作は1991年の『第三の波――二〇世紀後半の民主化 *The Third Wave: Democratization in the Late Twentieth Century*』（坪郷實・中道寿一・藪野祐三訳、三嶺書房、1995年）と、1996年に発表した『文明の衝突 *The Clash of Civilizations and the Remaking of World Order*』（鈴木主税訳、1998年）である。『第三の波』でハンチントンは、世界の民主化は、「民主化の波 wave of democracy」と「揺り戻し（逆転）の波 reverse wave of democracy」が交互に発生しながら進んできたと分析している。第1の民主化の波は1828年から1926年、第1の揺り戻しの波は1922年から1942年（ファシズムの台頭）、第2の民主化の波は1943年から1962年、第2の揺り戻しの波は1958年から1975年（南米やアジア諸国での権威主義体制の確立）、そして、第3の民主化の波は1974年から1989年まで続いたとハンチントンは主張している。第3の揺り戻しの波について、ハンチントンはすでに亡くなっているので何も述べていないが、現状は揺り戻しの波が起きていると言える。

『文明の衝突』は日本でもベストセラーになった本だ。「日本が独立した文明として扱われている」という部分が日本人の自尊心をくすぐった。よく読めば、日本文明に関する記述はほとんどないことが分かる。リップサーヴィスでしかない。しかし、より注目を集めたのは、2001年9月11日に発生した同時多発テロ事件以降で、「これは予言の書だ」ということになった。ちなみに本書のタイトルの翻訳はあまりよくない。「諸文明間の衝突」と正確に訳すと、タイトルから著者ハンチントンの言いたいことがより分かるようになる。

ハンチントンは「イスラム文明圏対欧米キリスト教文明圏が対立し、やがて中華文明圏の中国が台頭し国際関係に緊張を与える」と主張した。2001年の同時多発テロ事件と2000年代からの中国の急激な成長と国際社会における台頭を考えると、『文明の衝突』は1990年代にそれらを言い当てていたという評価になる。

ハンチントンが2004年に発表した最後の大著『分断されるアメリカ ―― ナショナル・アイデンティティの危機 *Who are We?: the Challenges to America's National Identity*』（鈴木主税訳、集英社、2004年）のテーマはずばり「アメリカ国内における文明の衝突」ということになる。『文明の衝突』で分析した、国際関係における宗教や文化を同じくする文明グループの間の衝突という枠組みを、アメリカ国内に当てはめたのが、『分断されるアメリカ』である。以下に重要な部分を引用する。

「われわれ合衆国国民」は、まず共通の民族性、人種、文化、言語、および宗教をもって存在しなければならなかったのであり、そこから初めて「アメリカ合衆国のためここに憲法を制定」(合衆国憲法の前文より)することができたのだ。アメリカ人が自らの信条の根拠となるアングロ-プロテスタント文化を放棄すれば、この信条もこれまでのような顕著性を保持できなくなるだろう。多文化のアメリカはいずれ多数の信条をもつアメリカになり、異なる文化グループごとに、その特定の文化に根ざした特有の政治的価値観と原則を信奉するようになるだろう。

(『分断されるアメリカ』470ページ)

『分断されるアメリカ』の主要な主張をまとめると次にようになる。「アメリカは、建国当時から、アングロ-プロテスタント文化の国である。その価値観を基礎にして国家が出来上がっている。しかし、アングロ-プロテスタント文化以外を信奉する、特に非ヨーロッパの国々からの移民が増え、そうした人々が独自性を言い立てて、アングロ-プロテスタント文化に同化することを拒否している。このままの状況が続くと、アメリカが消滅してしまう」ということになる。

ハンチントンの祖先は1776年のアメリカ独立宣言 United States Declaration of Independence に署名し、1779年から1781年まで大陸会議 Continental Congress 議長を務めた、政治家のサミュエル・ハンチントン Samuel Huntington(1731-1796

年　64歳で没）である。「建国の父」の子孫であるハンチントンにとって、「アメリカ建国以来の価値観の減退、喪失」は由々しき事態ということで、憂慮の念が深かったということになる。

パット・ブキャナンが「アメリカのバルカン半島化」という言葉を使ったことはすでに紹介した。ハンチントンはブキャナンのように露骨な言葉遣いをしている訳ではないが、まったく同じことを憂慮していることが分かる。そして、この保守派の論客たちの主張してきたようなことが現実に起こりつつある。

## アメリカの分断とポピュリズムが生み出したドナルド・トランプ大統領

２０２０年の夏、警察によるアフリカ系アメリカ人男性殺害事件に端を発する、人種差別に反対する抗議活動は激化していった。そうした中で、南軍の将軍たちの銅像を引き倒す事件が頻発した。また、アメリカ南部を舞台にした映画『風と共に去りぬ』の動画配信も停止されるということも起きた。映画史に残る不朽の名作がアメリカで見てはいけない映画とされた。

北軍の将軍で後にアメリカ大統領となったユリシーズ・S・グラントや、アメリカ国歌の歌詞の基となった詩を書いたフランシス・スコット・キーの銅像までが引き倒された。その理由は「南北戦争の前までアフリカ系の奴隷を所有していた、奴隷制度を認めることでアメリカが分裂しないなら、奴隷制度は継続して良い、ということを手紙に書いていた」ということだった。今から考えると、2020年夏は集団で狂騒状態に入った、極めて異常な事態が起きていた。

人種差別に対する抗議活動は行われるべきだが、こうした動きはやり過ぎだ。その時代時代で最先端の考えを持っていたり、活躍したりした人物たちも、後の時代から見れば、「時代遅れ」である。それは当たり前だ。今の私たちは、現在の視点や基準によって、歴史上の思想家や偉人たちを批判することまではしても良い。しかし、「断罪」するようなことは行き過ぎだ。銅像を引き倒したり、地名を変えたりしたところで、負の歴史は消えない。また、負の歴史を不愉快だからということで消し去ろうというのは、歴史と人類に対する冒瀆《ぼうとく》であり、傲慢《ごうまん》な行為である。

こうした状況は、決してトランプ大統領が生み出したものではない。トランプは極めて大きな影響力を持つ人物で、大統領であったが、アメリカ社会を変容させるようなことまではできない、一人の人間だ。世界の大きな流れの中で、アメリカ社会が変容し、分断・分裂が生まれている。そして、そのような状況からトランプ大統領が誕生したのだ。そのことをアメリカ保守派の論客たちの論稿を参考にして追いかけてきた。アメリカ人が共通して持つとされてきた価値観の変容、世界第一の経済大国であるのに貧しい人々がどんどん増えていく、一方で富裕層はますます豊かになっていく。同じ社会に生きていく条件がどんどん失われていった。

トランプ大統領当選は２０１６年のことであったが、その萌芽《ほうが》は20世紀末にはすでに存在した。保守派の論客たちは「アメリカらしさ」の減退と消滅を憂えていた。このことは本章で見てきた通りだ。

経済的格差、価値観の変容と寛容さの減退によって、「アメリカらしさが失われている」という不満が経済的、社会的に恵まれない人々の間に蓄積していった。そして、ワシントンの中央政治に対する不満を生み出し、第3章で詳しく説明したように、既存の政治に対する反対と抗議のためにポピュリズムが生まれた。ポピュリズムはドナルド・トランプとアレクサンドリア・オカシオ＝コルテスを、ワシントンに送り込んだ。人々の怒りこそが原動力だった。

しかし、ポピュリズムは持続性を持つことができず、ワシントン政治とエスタブリッシュメントに敗れ去った。だがポピュリズムは死なない。またいつの日かアメリカ史の表舞台に出現する。

鋭敏な知識人は、時代を先取りする。「炭鉱のカナリア（canary in the coal mine）」という言葉がある。昔、炭鉱で働く労働者は坑道に入る際に、カナリアを入れた鳥かごを持って行った。それは、カナリアは人間よりも危険なガスを感知する能力に優れているため、カナリアが騒げば危険な状態であることが分かるからだった。これと同じで、知識人は時代を先取り、人々にそれを教えるカナリアの役割を果たす。本章で取り上げた知識人たちがまさにそうである。アメリカの分裂はこれからも続いていく。アメリカの変容は誰にも止められないところにまで来ている。

（了）

# あとがき

民主政治体制（デモクラシー）と資本主義（キャピタリズム）に対する懸念と不信感が世界規模で拡大している。私は、日本とアメリカで学び生活をしてきたが、民主政治体制と資本主義に対して疑念を持つことはこれまでなかった。当たり前にあり、かつ素晴らしいものであり、完璧な制度ではないにしても、他の政治体制や経済体制よりははるかに素晴らしいもの、という認識であった。本書を読んでくださった多くの皆さんも同じだと思う。

まえがきで取り上げたが、米中の外交トップ会談の席上、中国共産党外交担当政治局員の楊潔篪《ようけつち》はアメリカ側に対して、「米国の人権は最低水準だ。米国では黒人が虐殺されている。米国が世界で民主主義を押し広めるのを止めるべきだ。米国にいる多くの人が米国の民主主義をほとんど信頼していない」と述べた。駐日本中国大使館は2021年4月2日にツイッター上で、アメリカに対して「国外で民主を喧伝《けんでん》し、国内で人権を蹂躙《じゅうりん》し、米国の分断はここでも顕著だ」とも書いている。

アメリカ国内では、2020年の大統領選挙で、不正選挙 electoral fraud が行われたので、その結果を認めない、受け入れないという人の数は多い。選挙は民主政治体制の根幹であるが、それに対する信頼感が消え去れば、民主政治体制が崩壊する。また、アメリカをはじめとする先進諸国では格差の拡大によって、資本主義に対する不信感も高まっている。アメリカの若い人々、ミレニアル世代で社会主義的政策を支持する割合が高まっている。こうした中で、アメリカ国内の分断はより深刻化している。

2021年1月に発足したジョー・バイデン政権について、日本では突っ込んだ分析がなされていない。目の前の、日本国内の新型コロナウイルス感染拡大対策と東京オリンピック・パラリンピックにばかり人々の関心が集まっている。それはそれで仕方がないことだ。しかし、アメリカの動きは、日本の行動にも影響を与える。バイデン政権がどのような政権なのかということを知ることは、日本がこれから進む方向や取るべき行動について考える際に、必要不可欠である。

本書の前半部で書いた通り、バイデン政権は「4年越しのヒラリー政権」「第3次オバマ政権」である。中露との対決姿勢を鮮明にし、衝突も辞さない構えである。それに中国の周辺に存在する日本を含む同盟諸国を巻き込もうとしている。アメリカ単独で中国と対峙する力は持っていない。アメリカの衰退は明らかになっている。

この状況において日本はどう行動すべきか。選択肢はほぼない。なぜなら、日本はアメリカの属国 tributary state であって、アメリカの命令通りに行動しなければならないからだ。アメリカが中国封じ込めに周辺の同盟諸国を動員するということになれば、日本は中国との対決の先兵として使われる。米軍が中国軍と直接接触するということは大変なことで、それは最終段階のことである。その前の段階として日本とインドがまず接触（衝突）させられる。日本は中国との衝突の衝撃や損害をできるだけ小さくしなければならない。属国などはどうせ使い捨てだ。中国と本気になって衝突して、アメリカが後詰めで助けに来てくれるとは限らない。それどころか、調子に乗って二階に上ったらはしごを外されて降りられなくなった、その間に米中が日本を悪者ということにして手打ちということが起きることも考えられる。

『イスラエル・ロビーとアメリカの外交政策Ⅰ・Ⅱ』（スティーヴン・M・ウォルトとの共著、副島隆彦訳、講談社、２００７年）で、シカゴ大学教授のジョン・J・ミアシャイマー John J Mearsheimer（１９４７年－　73歳）は、自著の『大国政治の秘密 *The Tragedy of Great*

*Power Politics*』（奥山真司訳、五月書房、２００７年）の中で、既存の国際関係を変化させるような新興大国の勃興が起きた際の他国の取るであろう複数の戦略「バランシング balancing」「バンドワゴニング bandwagoning」「バック・パッシング buck-passing」について説明している。

バランシングとは、台頭しつつある大国と対峙し、その伸長を抑止する戦略である。そのためには直接的な衝突も辞さない態度を取る。また、自国以外にも脅威を感じている国々を糾合《きゅうごう》することもある。バンドワゴニングとは、台頭している大国に追随する戦略であるが、この戦略はあまり選択されない。それは追随することになった大国に生殺与奪の権を握られてしまうからだ。現在の日本の属国としての惨《みじ》めな姿を見ればそのことが実感できる。バック・パッシングとは、台頭する大国に対して、自分たちが直接対峙することなく、他国に対応させることである。

現在、アメリカが行おうとしているのは、バック・パッシングだ。日本という属国でありながら、世界第３位の経済力を誇る、使い勝手の良い国である日本に、中国との直接的な衝突は任せるという態度だ。ミアシャイマーは「脅威を受けた側の国は、ほとんどの場合、バランシング（直接均衡）よりもバック・パッシング（責任転嫁）を好む。戦費の支払いを逃れることができるからである」（１８７ページ）と書いている。アメリカは、日本に負担を強いることで、自分たちに火の粉がかからないように巧妙に立ち回っている。

アメリカに負担を押しつけられるならば、日本はアメリカに服従する姿勢を派手に見せながら、裏で中国とつながっておく。「面従腹背《めんじゅうふくはい》」と言い表すことができる。大相撲で八百長スキャンダルが起きたが、八百長を仕組んでおくことである。「ここで適当にぶつかりますんで、うまくかわして後は流れで怪我（被害）が少ないようにしましょう」ということを中国と企んでおく。「アジア人のためのアジア」「アジア人同士戦わず」が理想だが、どうしてもぶつからねばならないとなれば裏でつながっておくということが重要だ。

米中どちらに賭けるかという賭博だと考えるならば、どちらにも賭けておく、それで掛け金の損失を少しでも少なくする。一種の悪賢さが必要だ。世間の評判が悪い自民党幹事長の二階俊博議員は中国とのチャンネルを維持する役割を果たしていると思う。だから、日本国内のアメリカの息のかかったマスコミにバッシングをされてしまう。

本来、日本は米中どちらにも高く「売りつける」ことができる位置にある。より行動の自由があれば、中国に対しては「アメリカにつくぞ」という姿勢を見せて、アメリカに対しては「中国につくぞ」という姿勢を見せて、より良い条件を引き出すことも可能だ。しかし、悲しいかな、日本は敗戦国であり、アメリカの属国である。そのことを変えることは至難の業だ。だからある程度までアメリカにお付き合いをしなければならないが、裏では中国ともつながっておく。

そのためにまず現状を認識しておくことだ。「日本は世界に冠たる大国で、アメリカと対等の同盟関係にあって、日米関係は世界で最重要の同盟だ」などという美辞麗句に惑わされて、調子に乗ってはいけない。「日本が勇ましさを出す時は必ず失敗する」くらいの認識で慎重に行動する。また、「敗戦国ですから、一度皆さんにご迷惑をかけた身ですから謹慎しておきます」という論理も使える。アメリカはそのような論理はもう許してくれないが、それでもこの論理を捨てずに主張することで周辺諸国との協調を図ることができる。

あまり景気の良い話にならないのは残念であるが、戦争に向かう流れの中で、日本はできるだけ被害や損失を少なくするということを真剣に考えねばならない。

最後に。本書執筆にあたり、そのきっかけを下さった、師である副島隆彦先生に感謝します。出版を引き受け、先導してくださった秀和システムの小笠原豊樹氏にも心からの感謝を申し上げます。ありがとうございます。

２０２１年４月

古村治彦

■著者プロフィール

**古村 治彦（ふるむら はるひこ）**

1974年生まれ、鹿児島県立鶴丸高校、早稲田大学社会科学部卒。早稲田大学大学院社会科学研究科地球社会論専攻修士課程修了（修士・社会科学）。南カリフォルニア大学大学院政治学研究科博士課程中退（政治学修士）。現在、SNSI・副島国家戦略研究所研究員、愛知大学国際問題研究所客員研究員。著書に『アメリカ政治の秘密』（PHP研究所、2012）、『ハーヴァード大学の秘密』（PHP研究所、2014）、訳書に『コーク一族』（講談社、2015）、『BIS 国際決済銀行 隠された歴史』（成甲書房、2016）、『バーナード・マドフ事件』（成甲書房、2010）、『ネクスト・ルネサンス』（講談社、2011）、『アメリカが作り上げた“素晴らしき”今の世界』（ビジネス社、2012）他がある。


**悪魔《あくま》のサイバー戦争《せんそう》を**
**バイデン政権《せいけん》が始《はじ》める**


発行日　2021年　6月10日　　第1版第1刷

著　者　古村《ふるむら》　治彦《はるひこ》

発行者　斉藤　和邦
発行所　株式会社　秀和システム
〒135-0016
東京都江東区東陽2-4-2　新宮ビル2F
Tel 03-6264-3105（販売）Fax 03-6264-3094
印刷所　三松堂印刷株式会社　　Printed in Japan

ISBN978-4-7980-6484-0 C0031